ESPAÑOL

Christof Kehr
Ana Rodríguez
Lebrón

ESPAÑOL UNO

Spanisch reden und verstehen

rororo

Rowohlt

ÍNDICE

INHALT

PROLÓGO

VORWORT

Ist es nicht schrecklich, wenn man mit einer Gruppe ein fremdes Land bereist und sich vom Reiseleiter jedesmal jeden einzelnen Punkt der Speisekarte übersetzen lassen muß? Oder man steht im Laden, hat es eilig, zwei geschwätzige Alte drängen sich dreist vor, und man kann sich nicht wehren, weil man der Sprache nicht mächtig ist. «Er beherrscht vier Sprachen fließend», heißt es. Gemeint ist, daß er in jeder Sprache einen anfänglichen Berg von Unverständnis abgetragen und so sich das fremde Idiom zu eigen gemacht hat. Manch einer bewundert das grenzenlos: «Der spricht perfekt Isländisch.» Perfekt werden die Kenntnisse in der fremden Sprache selten, dazu fehlen ganz einfach Kindheit, Familie und Schule in dem anderen Land. Leidlich sich mitteilen – das bekommen dennoch viele hin, und fließend reden – das ist auch für fast jeden möglich. Aber dazu braucht es Zeit und Geduld, es geht nicht in einem dreiwöchigen Crash-Kurs. Da lernt man allenfalls, sich irgendwie verständlich zu machen und irgendwie etwas zu verstehen. Warum soll es auch so schnell gehen? Es muß schließlich etwas bisher Unbekanntes in einem wachsen, warum sollen da neue Welten wie ein Platzregen über einen hereinbrechen?

Es gibt auch keine Regel, wie lange es dauern muß, bis man die fremde Sprache einigermaßen

spricht und versteht. Chinesisch ist für uns schwieriger als Spanisch. Der eine hat sich in vier Monaten im Land freigesprochen, und der andere geht allwöchentlich für 90 Minuten in einen Abendkurs und schafft dann nach dreieinhalb Jahren die Zertifikatsprüfung. Aber egal auf welche Art – die gleichen Wörter und grammatikalischen Strukturen müssen beide lernen, sei es wie spielend im Kaffeehaus oder büffelnd und paukend im stillen Kämmerlein. Nicht jeder braucht grammatikalische Regeln – wichtig ist, daß es mehr oder weniger korrekt aus einem heraussprudelt. Grammatik ist heute längst kein Selbstzweck mehr beim Sprachenlernen. Wenn, dann soll sie eine Hilfe sein dafür, daß man sich einprägt: «Aha, das funktioniert also immer so. Perfekt ist immer mit haben, nie mit sein.» Für die meisten findet Grammatik also eine Ablage im Hinterkopf. Und Vor-

¿cómo?
wie?
no entiendo
ich verstehe nicht
no soy español
ich bin kein Spanier
más despacio
langsamer
por favor
bitte
fumar
rauchen
no gracias
danke nein
perdón
Entschuldigung

sicht: Das theoretisch formulierte Regelsystem kann auch leicht im Weg stehen. Dann nämlich, wenn es darum geht, sich mitzuteilen, mit einem Muttersprachler zu reden. Dann wirken Selbstzweifel und Probleme wie «Sage ich das auch korrekt? Heißt es jetzt **el día** oder **la día**?» hinderlich und tragen nicht zum Kommunikationsfluß und gegenseitigen schnellen Verständnis bei.

Nur beim Lernen soll der uns innewohnende Perfektionstrieb seinen Platz haben. Mut, Fehler zu machen – das gehört zum Sprechen und befähigt uns zum Spielen mit der neuen Sprache. Wörter ausprobieren, Wortspiele erfinden, mit neu Gelerntem Jonglierübungen machen und sich freuen, wenn die angewandten Kenntnisse eine Wirkung zeigen.

¡oiga!
hören Sie!
la estación
der Bahnhof
¿dónde está?
wo ist?
el autobús
der Bus
la estación de trenes
der Bahnhof
¡hable despacio!
sprechen Sie langsam
muchas gracias
vielen Dank

Und noch was zum Schluß: Eine lebendige Sprache braucht den Kontakt mit lebenden Menschen. Wer sich ein Minimum an Kenntnissen draufgeschafft hat, der sollte so bald wie möglich in ein Spanischsprechendes Land fahren und das, wenn irgend möglich, alleine. Eintauchen in die andere Kultur, seine eigene Sprache mal für die Dauer von einigen Wochen vergessen – das gibt einen Schub auf dem beschwerlichen Weg zur Könnerschaft. Und wer einen Sprachkurs macht, der sollte am Anfang mit sich selbst unbequem sein und auf den Kontakt mit den eigenen Landsleuten verzichten. Dies bedeutet vielleicht etwas mehr Alleinsein in den ersten Tagen, aber es zwingt dazu, Berührungsängste abzubauen und offen zu sein für die ortansässigen Muttersprachler.

EL USO

GEBRAUCHS-ANWEISUNG

INSTRUCCIONES PARA EL USO

Español Uno ist der erste von zwei Bänden des Rowohlt-Spanisch-Lehrwerkes. Beide Bände vermitteln die wichtigsten kommunikativen und grammatikalischen Strukturen der spanischen Umgangssprache.

Ein Lehrbuch kann nicht einen längeren Aufenthalt in einem anderen Land und den Umgang mit den dort lebenden Menschen ersetzen. Deswegen sind die Dialoge und Texte auf der Audio-Cassette vor allem für Selbstlerner unverzichtbar. Wer ***Español Uno*** gründlich durchgearbeitet hat, der wird sich in jedem spanischsprechenden Land selbständig bewegen können und klarkommen im Alltag. Und er wird für sich eine Menge sprachlicher und kultureller Geheimnisse entdecken, die zu ergründen den Aufenhalt so spannend machen kann.

Diese Gebrauchsanweisung ist ein Vorschlag, wie ein Selbstlerner ohne Lehrer mit Buch und Cassette vorgehen kann. Natürlich gibt es auch andere Möglichkeiten, vor allem für diejenigen, die in einer Gruppe mit Lehrer lernen.

Español Uno ist so aufgebaut: Acht Lektionen (TEMA 1 - 8). Jedes Tema besteht aus Dialogen, Grammatik und Übungen (TEORÍA und PRÁCTICA) und einem Text (LECTURA). Nach jeweils zwei Temas folgt zur Wiederholung ein TEST mit Hörverständnisübungen. Lösungen zu den Übungen (**SOLUCIÓN**) und Schlüssel der Tests (**CLAVE**) stehen im Anhang. Für Zweifelsfragen finden Sie unter **CHEQUEO** ein deutsch – spanisches , spanisch – deutsches Glossar mit allen Wörtern, die vorkommen.

Wir schlagen vor:

1. Man hört zuerst die Dialoge von der Cassette und achtet vor allem mal darauf, worum es geht, was überhaupt passiert. (Essen, Einkaufen, Familie ...)
2. Man nimmt sich die Texte im Buch vor und arbeitet sie mit Hilfe des Vokabulars (**¡APRENDE!**) genau durch.(«Was heißt caja?» – ach so, das heißt Kasse!)
3. Jetzt hört man die Dialoge zum zweitenmal und versteht sicher fast alles.
4. Man lernt die Wörter (**¡APRENDE!**) vielleicht auch, indem man die Spalten mit einem Zettelchen hoch- und runterfährt und sich jeweils Spanisch bzw. Deutsch abfragt. Dann schaut man in der Grammatik (**TEORÍA**) das nach, was einen zuerst interessiert.
5. Man hört die Dialoge zum drittenmal und achtet darauf, wie gesprochen wird (Verlauf der Satzmelodie, Pausen, Lautbildung).
6. Jetzt nimmt man sich die **TEORÍA** vor und hat immer gleich auf der rechten Seite die **PRÁCTICA** dazu.
7. Sind die Übungen alle gemacht und mit Hilfe des Schlüssels korrigiert, dann ist es Zeit, sich im Sessel zurückzulehnen und das Buch im Buch aufzuschlagen: **LECTURA**. Die kleinen

Übungen werden, wenn es darum geht, einzelne Wörter einzusetzen, im Buch gemacht.
Ganze Sätze oder eigene Dialoge schreibt man in ein gesondertes Heft.
Manche Übungen sollen mit einem Partner ausgeführt werden – da bleibt dem Selbstlerner nur der Dialog mit sich selbst.

Geschichten bestehen immer aus dem Wortschatz der neuen Lektion. Wer alles einigermaßen durchgearbeitet hat, der liest diese Texte mit links. Einige wenige neue Wörter sind als Fußnoten gekennzeichnet und am Seitenrand übersetzt.

8. Jetzt hören wir uns den LECTURA-Text noch zweimal von der Cassette an, das erste Mal, um ihn von einem Muttersprachler gesprochen zu verstehen, das zweite Mal, um das langsame Sprechtempo zu nutzen und Sätze oder Satzteile papageienhaft nachzuplappern. Die Sprechwerkzeuge wollen regelmäßig geübt werden.
9. Nach jeweils zwei Temas besteht die Möglichkeit, das neu Erlernte zu überprüfen. Der Wiederholungstest mit Hörverständnisübungen greift den neuen Stoff noch einmal auf. Die Auswertung der Tests im Anhang ist nicht immer ganz ernst zu nehmen!
10. Sollten Sie immer noch Fragen haben, so schauen Sie im Anhang nach: Wörter unter CHEQUEO, Schrift und Aussprache unter LAS LEYES und Grammatik unter GRAMÁTICA.
11. Man kauft sich ein spanisches Wörterbuch, hin und wieder eine spanische Zeitung am Bahnhofskiosk oder wo auch immer, man sucht im Radio spanischgesprochene Sendungen (auf Kurzwelle und abends auf Mittelwelle von Sendern der ARD), und man sucht den Kontakt zu «nativos» (Eingeborenen), zu Muttersprachlern.

¡Que se divierta!
Viel Spaß!

Die Piktogramme im Übungsteil

Zur besseren Übersicht sind die praktischen Übungen durch Symbole gekennzeichnet. Im Folgenden sind sie näher erläutert:

… bedeutet **¡Ojo!**. Das heißt «Auge» und steht für Wachsamkeit. Besondere Aufmerksamkeit ist hier angebracht.

… heißt: Man soll die Übung in einem gesonderten Heft ausführen. Das Schreiben will geübt sein, in einem Taschenbuch ist dafür zu wenig Platz.

… heißt reden, sprechen, murmeln, plappern, die Sprechwerkzeuge trainieren. Und es heißt: Sie müssen die Übung nicht unbedingt schriftlich fixieren.

… heißt, zu zweit oder in einer Kleingruppe kommunizieren, Dialog-Muster wiederholen und einschleifen und aufeinander reagieren.

… hier sollte der Denker von Rodin statt einem Piktogramm stehen, aber er paßt leider nicht ins Buch. Also, nachdenken ist hier angebracht, überlegen, die grauen Gehirnzellen anstrengen.

Und noch etwas. Wir haben uns bei den Anweisungen, die spanisch und deutsch vorkommen, für die Anrede «du» entschieden, weil in Spanien mehr gedutzt wird und diese Form von daher wichtig ist. Vielleicht hilft das auch dazu bei, im Unterricht das «ambiente» aufzulockern.

TEMA 1

¿¿ PREGUNTAR ??

En la calle

¿Cómo voy a la estación de trenes?
No hay tren aquí. Sólo autobús y taxi, claro.
Sí papá, ¿por qué no cogemos un taxi?
¡Noooo..., no tengo dinero, no tengo bastante dinero! ... Vamos en autobús.

¿No hay un médico por aquí?
No sé ... no vivo aquí.
¿O una farmacia?
Hay dos bares, mmh, sí, hay un veterinario.
Vale, vale, muchas gracias.

¿Adónde quiere ir usted?
¿Cómo?
¿Adónde vamos?
Al aeropuerto, por favor.
En seguida, señora.

El estadio Bernabéu, ¿dónde está, por favor?
Ohh, está muy lejos. Va el "C 1".

¿Hay un autobús a Guajar Faragüit?
Hoy creo que no, mañana por la mañana.

¡Mira mamá, un alemán! ¿Por qué es rubio?
Porque es alemán.
Quiero un helado.
Ahora no.
Mamá, quiero un helado.
¡Ahora nooo! Porque luego no comes.

Perdone, ¿hay una tienda por aquí?
¿Una tienda?, no sé. Ahh sí, en la plaza a la derecha hay un supermercado.
¿Está lejos?
No, ahí mismo.

¿Gasolina? ¿Una estación de servicio?
¿Una gasolinera, dice?
Sí, gasolina, gasolina....
Bueno, es un poco complicado. A la salida del pueblo - cerca de la iglesia ...

El Bar Pesetas, por favor.
Por aquí no hay ningún Bar Pesetas.

¿El Hotel Alcázar, por favor?
Ni idea, no sé donde está.
Hombre, ¡aqui mismo!

En el hotel

Buenos días, ¿cuánto vale la habitación?

Lo siento, el hotel está completo.

¿Tiene usted cambio?

¿Cómo?

Cambio, monedas, duros,... money, money...

A sí, ¡claro que sí!

¿Cómo está el tiempo en Barcelona?

No está muy bueno. Hace frío en la calle.

Aquí hace calor...

¿Puedo llamar por teléfono?

Aquí en el hotel no hay teléfono público. Pero en la calle a la izquierda tiene una cabina. Está cerca, en la Plaza Urquijo, a diez minutos andando.....

¡Mistkerl!

..... el avión es muy caro.

¿Por qué no vas en tren?

No tengo tiempo, esta noche empieza el congreso.

¡APRENDE!

¿¿Preguntar??
Fragen

En la calle
Auf der Straße

¿cómo voy a ...?
wie komme ich zu/ nach ...?
no hay tren aquí
es gibt keinen Zug hier
sólo
nur
claro
klar
¿por qué no vamos en taxi?
warum fahren wir nicht im Taxi?
sí
ja
papá
Papa
no tengo dinero
ich habe kein Geld
bastante
genug
entonces
dann, also
¿no hay un médico por aquí?
gibt es keinen Arzt hier ?
por aquí
hier in der Gegend
bueno/a
gut
no sé
ich weiß nicht
o una farmacia
oder eine Apotheke
dos bares
zwei Kneipen
un veterinario
ein Tierarzt
vale
Okay, schon in Ordnung
¿adónde quiere ir?
wo wollen Sie hin (fahren) ?
¿adónde vamos?
wo gehen/fahren wir hin?
al aeropuerto
zum Flughafen
en seguida
sofort
la señora
die Dame
el estadio Bernabéu
das Bernabéu-(Fußball-)Stadion
esto/a
dieser/diese
muy lejos
sehr weit
va el «C 1»
der «C 1» fährt
hoy no
heute nicht
mañana por la mañana
morgen früh
¡mira mamá!
schau Mami!
un alemán
ein Deutscher
¿por qué es rubio?
warum ist er blond?
porque es alemán
weil er deutsch ist
quiero
ich möchte / will
un helado
ein Eis
ahora no
jetzt nicht
luego no comes
später ißt du nicht
¡perdone!
entschuldigen Sie!
una tienda
ein Geschäft
en la plaza
auf dem Platz
a la derecha
rechts
supermercado
Supermarkt
¿está lejos?
ist das weit?
ahí mismo
gleich dort drüben

la gasolina
Benzin
una estación de servicio
eine Tankstelle
una gasolinera
eine Tankstelle
dice
Sie sagen
es un poco complicado
es ist ein bißchen schwierig
a la salida
am Ausgang
del pueblo
des Dorfes
cerca de
nahe
la iglesia
die Kirche
ningún bar
keine Kneipe

En el hotel
Im Hotel

buenos días
guten Tag (vormittags und mittags)
¿cuánto vale?
wieviel kostet?
la habitación
das Zimmer
lo siento
es tut mit leid
el hotel está completo
das Hotel ist besetzt
ni idea
keine Ahnung
no sé donde está
ich weiß nicht wo (das) ist
¿tiene cambio?
haben Sie Wechselgeld?
las monedas
die Münzen
los duros
die 5-Peseten-Münzen
¡claro que sí!
klar!, natürlich!
¿cómo está el tiempo?
wie ist das Wetter?
pues
nun (Füllwort, unübersetzbar)
no está muy bien
es ist nicht sehr gut
hace frío
es ist kalt
en la calle
auf der Straße, draußen
aquí hace calor
hier ist es heiß
¿puedo llamar por teléfono?
kann ich telefonieren?
el teléfono público
das öffentliche Telefon
pero
aber
a la izquierda
links
una cabina
eine Zelle
está cerca
(das) ist nahe
a diez minutos andando
zehn Minuten zu Fuß (gehend)
¡Mistkerl!
(spanische Übersetzung erst im nächsten Band)
el avión es muy caro
das Flugzeug ist sehr teuer
¿por qué no vas en tren?
warum fährst du nicht mit dem Zug?
no tengo tiempo
ich habe keine Zeit
esta noche
heute abend/nacht
empieza el congreso
der Kongreß beginnt

TEORÍA

¡Hable despacio!

Spanischsprechende übergießen den neu Angekommenen mit einem unaufhaltbaren Redeschwall. Da heißt es **bremsen**, **nachhaken**, **unterbrechen**, um Luft zu holen:

¿cómo? wie?
no entiendo ich verstehe nicht
más despacio langsamer
¡hable despacio! sprechen Sie langsam!
¡por favor! bitte!

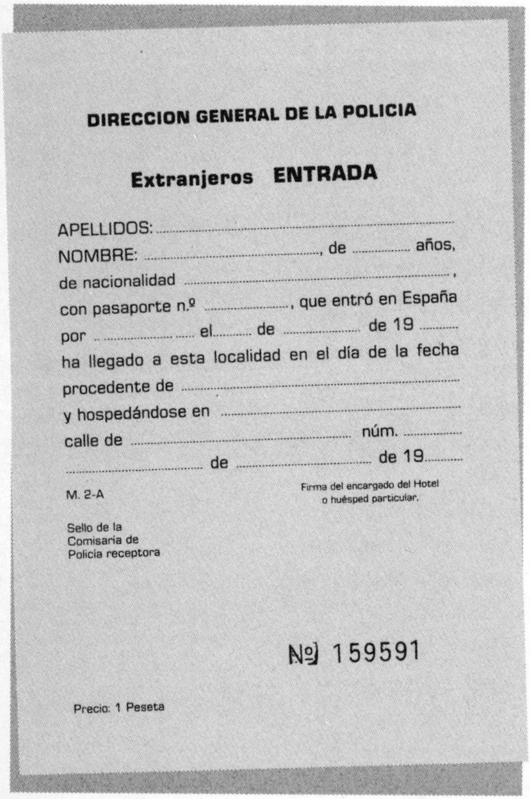

DIRECCION GENERAL DE LA POLICIA

Extranjeros ENTRADA

APELLIDOS: ....
NOMBRE: ...., de .... años,
de nacionalidad ....,
con pasaporte n.º ...., que entró en España
por .... el ...... de .... de 19 ......
ha llegado a esta localidad en el día de la fecha
procedente de ....
y hospedándose en ....
calle de .... núm. ....
.... de .... de 19 ....

M. 2-A

Firma del encargado del Hotel o huésped particular.

Sello de la Comisaría de Policía receptora

Nº 159591

Precio: 1 Peseta

Je nachdem, mit wem wir es zu tun haben, fällt das nunfolgende leichter und verständlicher aus. **Gezielte Fragen** können dann nachhelfen:

¿dónde?
wo?
¿adónde?
wohin?
¿por qué?
warum?
¿cuánto vale?
wieviel kostet?
¿puedo ...?
kann ich ...?
¿cómo voy a ...?
wie komme ich zu/nach ...?
¿cómo está ..?
wie ist .../ wie geht es ...?

1. Nachhaken

1. La estación esta en la calle Flores.

¿ .... ?

2. La habitación vale dos mil pesetas.

¿ Cuánto vale .... ?

3. La tienda está en la plaza.

¿ .... ?

4. Hay una iglesia a la derecha del hotel.

¿ .... ?

5. Voy a la farmacia.

¿ .... ?

6. Vamos al aeropuerto.

¿ .... ?

2. Ich nix verstehen

1. ¡Lehedichoquedejedefumar! (Langsam, bitte!):

despacio, por favor ....

2. ¡Estáprohibidofumarenlosautobusespúblicos! (Ich verstehe nicht!):

....

3. Puesaquíalavueltaestálaparadadel-ochentaytres... (Bitte?):

....

4. Lellevadirectamentealaestación... (Sprechen Sie langsam!):

....

5. ¡Hágameelfavordeapagarsucigarillo! (wie?):

....

TEORÍA

¿Dónde?
Wo?

Um zu beschreiben, **wo** sich etwas befindet, benutzt man die folgenden Ausdrücke:

cerca nahe
lejos weit (weg)
a la derecha rechts
a la izquierda links
en la plaza auf dem Platz
en la calle auf der Straße / draußen
a dos minutos zwei Minuten (von hier)
a dos kilómetros zwei Kilometer (von hier)
por aquí hier in der Gegend

Noch genauer werden die Fragen, wenn man in **Beziehung** setzt:

cerca de la plaza in der Nähe des Platzes
lejos del hotel weit weg vom Hotel
a la derecha de la **tienda** rechts vom Geschäft
a la izquierda del bar links von der Kneipe
en la plaza del pueblo auf dem Dorfplatz
a dos minutos de la plaza zwei Minuten vom Platz
a dos kilómetros de aquí zwei Kilometer von hier

¿Cuándo?
Wann?

Einige Angaben für die Zeit sind:

esta noche	heute abend / nacht
esta mañana	heute morgen
mañana	morgen
hoy	heute
mañana por la mañana	morgen früh
mañana por la noche	morgen abend /nacht

3. *¿Dónde está...?*

1. El hotel está ....
2. La plaza está .... en el centro ....
3. La farmacia está ....
4. El bar está ....
5. La gasolinera está ....
6. El estadio de San Bernabéu está ....
7. La cabina telefónica está ....

4. *¿Qué ves en el mapa?*
Was siehst du auf dem Stadtplan?

(verschiedene Antworten möglich)

1. En la plaza hay ....
2. A la izquierda del hotel está ...... la farmacia
3. Cerca del hotel está ....
4. En la calle hay ....
5. Por aquí ....

TEORÍA

Die Artikel

Es gibt hauptsächlich zwei Artikel : **el** – männlich , **la** – weiblich. Wichtig ist, sich mit jedem Wort den Artikel einzuprägen, denn er läßt sich nicht einfach aus einer Sprache in die andere übernehmen. So heißt es z. B. **la plaza** – der Platz; **el teléfono** – das Telefon; **la estación** – der Bahnhof; **el bar** – die (Bar) Kneipe. Manchmal entspricht sich das Geschlecht: **el día** – der Tag; **la noche** – die Nacht. Und manchmal verhält es sich entgegengesetzt: **el sol** – die Sonne; **la luna** – der Mond. Es gibt also keine Regel dafür, ob das Geschlecht eines Hauptwortes männlich oder weiblich ist.

el – la

Zum Glück braucht man aber nicht bei jedem Wort den Artikel neu zu lernen. In der Regel sind nämlich Hauptwörter mit einem **o** am Ende männlich, mit einem **a** sind sie weiblich:

el helad**o** – **el** cambi**o** – **el** estadi**o** – **el** congres**o**
la salid**a** – **la** tiend**a** – **la** plaz**a** – **la** play**a**.

Für die Wörter, die nicht auf **o** oder auf **a** enden, hilft nur eins: sich den Artikel mit einprägen:

el alemán – el bar – el hotel – el tren – la calle – la estación

del und al

Achtung, es wird zusammengezogen:
de und **el** zu **del**
a und **el** zu **al**

un – una

Der **unbestimmte Artikel** heißt **un** und **una**:

un pueblo – **un** aeropuerto
una iglesia – **una** salida

5. *¿El o la?*

......................farmacia, ...bar,

........................dinero, ...aeropuerto,

........................tienda, ...plaza,

..................habitación, ...congreso,

........................iglesia, ...pueblo.

6. *¿Un o una?*

.... avión, ... noche, ... hotel,

.... calle, ... tren, ... salida,

.... minuto, ... teléfono, ... cambio,

...... gasolinera, ...veterinario, ...señor,

.... alemán, ... alemana.

hay un/una – está el/la

Wann gebrauche ich nun **el/la**, wann **un/una**?

¿Dónde **hay una** farmacia? En la plaza **hay una** tienda.

Bei **hay** steht etwas Unbestimmtes, vielleicht eins von vielen. (es gibt mehrere Apotheken, auf dem Platz vielleicht sogar acht oder zehn Geschäfte, **un** / **una** ist also meist eines von vielen)

La iglesia **está** en **la** plaza. ¿Dónde está **el** aeropuerto?

Bei **está** steht, was näher bezeichnet ist, was es nur einmal gibt. (die Kirche, meist die einzige im Dorf auf der plaza, dem Hauptplatz)
En la playa hay **dos** tiend**as**.

El Plural

Der Plural

Der **Plural** wird ganz einfach gebildet:

1. Wörter, die auf Vokal (**a**,**e**,**i**,**o**,**u**) enden, bekommen ein **s**

el congreso – **los** congreso**s**
el médico – **los** médico**s**
el taxi– **los** taxi**s**
la tienda – **las** tienda**s**
la noche – **las** noche**s**
la calle – **las** calle**s**

2. Wörter auf Konsonnant (**b**,**d**,**l**,**n**,**s**,**z**) bekommen im Plural ein **es**

la estación – las estacion**es**
el hotel – los hotel**es**
la catedral – las catedral**es**
el bar – los bar**es**

Hören oder lesen wir **diez minutos**, dann wissen wir: ¡aha! – minut**os**, es muß also in der Einzahl heißen **el/un minuto**. Bei **la estación de trenes** – der Bahnhof steht **trenes**. Wörter auf **e** können männlich oder weiblich sein. Wir müssen uns also einprägen: **el** tren (der Zug).

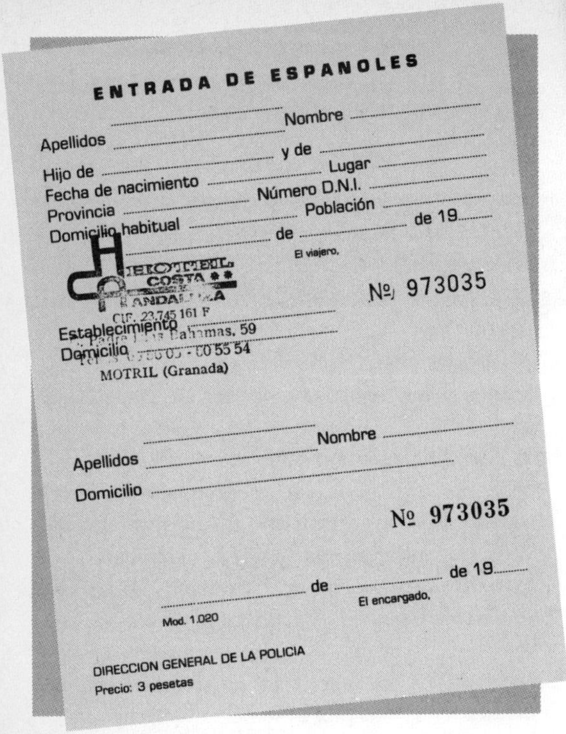

ENTRADA DE ESPANOLES

Apellidos .... Nombre ....

Hijo de .... y de ....

Fecha de nacimiento .... Lugar ....

Provincia .... Número D.N.I. ....

Domicilio habitual .... Población ....

.... de .... de 19........

El viajero,

HOTEL COSTA ** ANDALUZA
CIF. 23.745 161 F
Padre ... Bahamas, 59
Tel. ... - 60 55 54
MOTRIL (Granada)

Nº 973035

Establecimiento ....

Domicilio ....

Apellidos .... Nombre ....

Domicilio ....

Nº 973035

.... de .... de 19........

El encargado,

Mod. 1.020

DIRECCION GENERAL DE LA POLICIA

Precio: 3 pesetas

7. Wie ist die Mehrzahl?

1. la cabina ...las cabinas...	**2.** una cabina ...dos cabinas...
3. el congreso	**4.** la calle ....
5. un teléfono	**6.** el tiempo ....
7. una moneda	**8.** la habitación ....
9. un hotel	**10.** el bar ....
11. la salida	**12.** una plaza ....
13. el estadio	**14.** el tren ....
15. un médico	**16.** un español ....

TEORÍA

Nicht nein sagen können...

... ist ein weitverbreiteter Sprachfehler. Dieses wichtige Register im Umgang stellt sich auf Spanisch ganz einfach dar:

¡Noooooo ...! sagt der Vater, no tengo dinero, no tengo bastante dinero. (Nein, ich hab kein Geld, ich hab nicht genug Geld) **No** steht also für: 1. nein, 2. kein und 3. nicht.

1. Abgetrennt durch Komma vor dem eigentlichen Satz heißt **no**: nein. Es ist hier das Gegenteil von **sí**: ja.
2. Vor dem Verb, **no entiendo** (ich versteh nicht) heißt **no**: nicht. Soll ein anderer Teil des Satzes verneint werden, dann steht das **no** auch vor dem Verb: **no tengo bastante dinero** (nicht genug).
3. Hauptwörter werden auch verneint, indem das **no** vor das Verb gestellt wird: **no tengo dinero**, ich habe kein Geld. Kommt ein Akkusativobjekt vor, dann bedeutet das **no**: kein. **En el hotel no hay teléfono público** – im Hotel gibt es keinen öffentlichen Münzfernsprecher.

Por aquí no hay ningún Bar Pesetas. Hier in der Gegend gibt es keine «Bar Pesetas».

Soll das «kein» besonders betont werden, so steht **ningún / ninguna.**

Zu beachten ist:

ningún bar ningún hotel ningún teléfono

aber:

ningun**a** cabina ningun**a** noche ningun**a** plaza

Ningún / ninguna wird gebraucht, um nachdrücklich zu verneinen: **Aquí no vive ningún señor López** – hier wohnt kein Herr López.
Weiterhin steht das **no** vor dem Verb, das **ningún** vor dem zu verneinenden Hauptwort.

8. Nein-Sagen will auch geübt sein.

1. ¿Vamos al aeropuerto?

No, no vamos al aeropuerto.

2. ¿Hay un autobús a Molvízar?

....

3. ¿Está completo el hotel?

....

4. ¿Es caro el tren?

....

5. ¿Hace calor en Sibiria?

....

6. ¿Está lejos el «Bar Pesetas»?

....

7. ¿Cogemos un taxi?

....

9. *Aquí no hay ningún bar/ ninguna iglesia.* Hier gibt es überhaupt keine Kneipe/ keine Kirche.

1. ningún bar
2. .... iglesia
3. .... farmacia
4. .... hotel
5. .... gasolinera
6. .... tren
7. .... aeropuerto
8. ....pueblo
9. .... tienda
10. ....teléfono
11. .... discoteca

TEORÍA

Unregelmäßige Verben

Die Verben, vor allem die unregelmäßigen, mögen am Anfang Schwierigkeiten bereiten, da hilft nur eins: wiederholen, einschleifen, automatisieren.

No tengo dinero, die meisten werden die Sommerschnulze aus den frühen 80-ern noch kennen, ich hab kein Geld. Anders als auf Deutsch, Französisch und Englisch, genauso wie auf Lateinisch und Italienisch, genügt die Verb-Endung, um anzuzeigen, wer etwas tut, welche Person gemeint ist. Im Spanischen muß also kein Personalpronomen (persönliches Fürwort, ich, du, er, sie ...) vor dem Verb stehen, die Endung verrät den Täter.

Tener

Tengo steht für **tener**, haben:

tengo	ich habe	tenemos	wir haben
tienes	du hast	tenéis	ihr habt
tiene	er/sie hat Sie haben	tienen	sie haben Sie haben

El avión es caro, das Flugzeug (gemeint ist: der Flug) ist teuer, sagt der Kongreßfahrer. No soy español, ich bin kein Spanier / nicht spanisch, sagt der, der nicht mit dem Redeschwall des Muttersprachlers klarkommt.

Ser

Es und **soy** gehören zum Verb **ser**

soy	ich bin	somos	wir sind
eres	du bist	sois	ihr seid
es	er/sie ist Sie sind	son	sie sind Sie sind

Ser steht für das, was ist, was zum Wesen einer Sache oder einer Person gehört. Wo etwas / jemand sich befindet, oder was nur vorübergehender Zustand ist, wird mit dem Verb **estar** ausgedrückt (mehr darüber in der dritten Lektion). Das deutsche «sein» hat also zwei Entsprechungen. Umgekehrt verhält es sich mit dem spanischen **ir**, es bedeutet gehen und fahren.

10. *La forma del verbo*
Die Verbform

Setzen Sie die richtige Form ein:

ir

1. Vamos a Madrid. (wir)

2. El señor Martín .... al hotel Europa. (er)

3. No tengo tiempo. .... a la estación. (ich)

4. .... al aeropuerto. (ihr)

5. Mañana por la mañana .... al estadio Bernabéu. (sie, Plural)

6. Manuela .... a la farmacia. (sie, Singular)

7. Usted .... al bar. (Sie)

tener

1. Manolo no tiene cambio. (er)

2. Yo no .... dinero. (ich)

3. El señor García .... una tienda. (er)

4. No .... monedas. (wir)

5. El taxi no .... gasolina. (es)

6. ¿......... tiempo mañana? (ihr)

ser

1. El helado .... frío. (es)

2. Yo soy... alemán. (ich)

3. ¿......... española? (du, weiblich)

4. .... rubios. (wir)

5. Carlos .... veterinario. (er)

6. El avión .... caro. (es)

TEORÍA

Ir			
voy	ich gehe	vamos	wir gehen
vas	du gehst	vais	ihr geht
va	er/sie geht Sie gehen	van	sie gehen Sie gehen

Die Höflichkeitsform «Sie» entspricht im Spanischen für eine Person der dritten Singular, für mehrere der dritten Plural:
Mein Herr, haben Sie Wechselgeld? – ¿Seño**r**, tien**e** cambio?
Meine Herren, haben Sie Wechselgeld? – ¿Seño**res**, tien**en** cambio?

Die immer nach dem gleichen Muster konjugierten **regelmäßigen Verben** werden wir in der nächsten Lektion sehen.

¿ ... ? ¡ ... !
Fragezeichen und Ausrufezeichen werden übrigens umgekehrt vor den Satz gesetzt. **¿ ... ? ¡ ... !** Da weiß man beim Lesen gleich, ob Frage, Befehl oder ein normaler Satz folgt. ¿Eigentlich ziemlich praktisch, oder?

Der Akzent
Zum Akzent in der Schreibung vorerst soviel: wo er steht, wird die Silbe betont: teléfono, médico, Alcázar, frío, alemán, autobús ....

11. *Ir* + Zeitangaben

du + ich

1. Madrid, morgen

¿Cuándo vas a Madrid? – Mañana voy a Madrid.

2. Sevilla, heute abend

....

3. Alemania, heute

....

4. Barcelona, morgen nacht

....

5. Toledo, morgen früh

....

ihr + wir

1. España, heute

¿Cuándo vais a España? – Hoy vamos a España.

2. Bilbao, morgen früh

....

3. Nueva York, heute morgen

....

4. Moscú, morgen abend.

....

5. Colonia, morgen

....

TEORÍA

Aussprache

Zur Aussprache noch für diejenigen, die keinen Lehrer und kein Tonband zum Buch haben: es wird gelispelt. Die Spanier, nicht so die Südamerikaner, klemmen die Zungenspitze zwischen die Schneidezähne: gracias, despacio, Alcázar, diez ...

Die Regel ist ganz einfach:
z wird immer wie ein englisches **th** gesprochen, genauso **c** vor den hellen Vokalen **e** und **i**: **Zaragoza, Cecilia, ...**

Südamerikaner sprechen statt dessen ein normales, scharfes **s**.

c vor **a**, **o** und **u** wird wie ein **k** gesprochen: **Coca Cola**, **cucaracha** (die Kakerlake)

Das **ch** gilt als eigener Buchstabe und steht deswegen hinter dem **c** im Wörterbuch. Gesprochen wird es wie **tsch**: **muchacho**, **mucho**, **macho**, **cucaracha** ... . Hinter dem **l** steht **ll**, ebenfalls ein eigener Buchstabe, klingt wie ein **j**, bei dem vorher das vordere Drittel der Zunge am Gaumen ist, also ein kaum spürbares **d** vor dem **j**: **calle**, **llamar** ...

Die Vokale **a,e,i,o,u** werden im Spanischen allesamt kurz gesprochen, lange Vokale gibt es nicht (**ä,ö,ü** gibt es auch nicht, deswegen sagen manche Spanier auf deutsch: «du griner Ibelteter, ich werde dich teten»).

12. Lesen Sie die Wörter laut und betonen Sie auf...

... der letzten Silbe:

pregun**tar**, a**vión**, es**tá**, ho**tel**, nin**gún**, esta**ción**, ale**mán**, espa**ñol**, fu**mar**, fa**vor**, auto**bús**, ca**lor**, habita**ción**, se**ñor**, a**quí**, per**dón**

...der vorletzten Silbe:

calle, en**tien**do, des**pa**cio, con**gre**so, **no**che, **ten**go, **cer**ca, **du**ros, a**ho**ra, **tien**da, aero**puer**to, se**gui**da, en**ton**ces, **le**jos, **mu**chas **gra**cias, i**gle**sia, gasoli**ne**ra, mo**ne**das, **oi**ga, **ha**ble des**pa**cio, **pue**blo

...der vorvorletzten Silbe:

médico, te**lé**fono, **Má**laga, demo**crá**tico, filo**só**fico, fan**tás**tico

13. Wie hieß das gleich noch?

Entschuldigung ....

Ist das weit? ....

Es ist ein bißchen schwierig ....

Auf der Straße .... en la calle ....

Kann ich telefonieren? ....

Sprechen Sie langsam! ....

Ich habe keine Zeit ....

Das Hotel ist voll ....

Es ist kalt ....

Jetzt nicht ....

Gibt es keine Apotheke hier? ....

LECTURA

VAMOS A ZAMORA

Vamos a Zamora. Porque hay un congreso. Vamos en autobús porque no hay aeropuerto en Zamora. El hotel está en la plaza de la iglesia. Mañana por la mañana empieza el congreso. Hoy visitamos[1] la ciudad. El tiempo no es muy bueno. Hace frío en la calle. No tengo dinero. «¿Dónde hay un banco?» Un señor dice: «Por aquí no hay ningún banco. Hay uno – está un poco lejos.» Vamos en taxi al banco para cambiar dinero. Esta noche no quiero comer en el hotel. En la plaza hay dos bares. Voy con un compañero[2] a comer. Por la noche[3] quiero llamar por teléfono. No hay cabina en la plaza. ¿Dónde puedo llamar por teléfono? Aquí a la derecha hay un teléfono público. Llamo a Luisa, pero no está en casa: «¡Frustración!» Voy al hotel. En la habitación hay una persona ... ¿¡!?

1 **visitamos** wir besuchen
2 **un compañero** Kollege
3 **por la noche** am späten Abend, nachts

TEMA 2

670
700
Brizard
750
Botellas y estuches vacios.
AGUARDIENTE DE ORUJO
670
600
680
SOBERANO

DE COMPRAS

En la tienda y en el mercado

En casa

Oye Carmen, no queda nada para la cena. Vamos a comprar, ¿vale?

¿Para qué? En el congelador queda cocido del domingo.

Pero no tenemos ni pan, ni cerveza, ni queso, ni carne picada, ni fruta fresca, ni vino blanco ....

Bueno, vamos.

En la caja del supermercado

3284 pesetas.

¿Cuánto?

Tres mil doscientas ochenta y cuatro.

¿Tiene cambio de diez mil?

¡Ufff...! Voy a ver ... espere que voy a cambiar el billete.

En el mercado

¿A cómo vende la merluza?

A mil setecientas el kilo.

¡Pfff..., qué barbaridad! Entonces, me da un cuarto de sardinas y unos mejillones.

¿Cuántos?

Unos seis u ocho.

¿Algo más?

No, eso es todo, nada más.

....

Me da kilo y medio de patatas nuevas.

¿Puede ser un poquito más?

Sí, no importa. Y tres melones.

Son dos kilos bien pesados.

¿A cuánto están los champiñones?

A tres cientas.

Me llevo medio kilo.

¿Huevos quiere? Son de campo, ehh.

Me pone una docena. ¿Cuánto es?

A ver, las patatas setenta y cinco, los melones a cien - son doscientas, los champiñones ciento cincuenta y los huevos doscientas cuarenta. Total ... seiscientas sesenta y cinco.

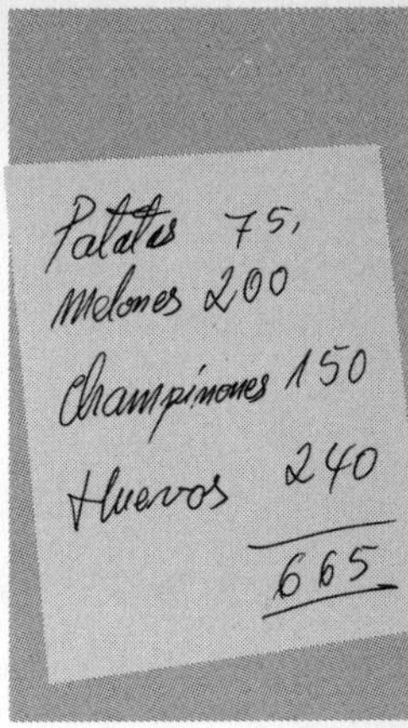

En la tienda

¿ A quién le toca?

A mí. ¿Tiene leche del día, señora.

No, sólo tenemos la de brik.

Bueno, entonces una caja sólo ...

En la calle

Vamos a tomar café.

¿Carmen, sabes qué falta? No tenemos pan.

Voy yo. ¡Espérame en el bar!

En la panadería

Buenas tardes, ¿quién es la última?

Yo, soy el último.

....

¿Qué le doy?

Dos barras. ¿Pan integral hay?

Ya no. ¿Algo más?

Una bolsa de bizcochos y unas madalenas.

No me quedan, tal vez en la pastelería de al lado.

En el Corte Inglés

En casa

Necesito un pantalón nuevo. ¿Te vienes al Corte Inglés?

Sí, pero no tengo mucho tiempo.

En la sección de señoras

¿Puedo probarme el pantalón rojo?

¿Qué talla tiene usted?

La treinta y ocho.

Un momento.... hay treinta y ocho, pero sólo en azul.

No, no me gusta.

Pero está en oferta. Te sale por mil novecientas noventa y nueve.

No, gracias, no me gusta.

En la agencia de viajes

¿Ustedes venden billetes a Ibiza?

Por supuesto. ¿Cómo va, en barco o en avión?

En barco, mañana por la noche.

No hay problema.

¿A cuánto sale la ida y vuelta?

Cuatro mil seiscientas.

En la sección de discos

¿Tiene el último disco de Paco de Lucía?

No, sólo trabajamos cassettes y compacdisk.

Los cassettes, ¿a cuánto salen?

Hay de mil ochocientas y de dos mil.

¿Tanto? ¡Qué disparate!

¿Tanto? ¡Qué disparate!

Es el precio en todos lados.

En los mercadillos valen la mitad .... gracias, adiós...

¡Pero ahí no son originales, son falsos, copias ilegales...!

Otra vez en la sección de señoras

¿Cuánto vale este vestido?

¿Cuál le gusta?

El verde.

Cinco mil quinientas.

Hombre, barato no es. Sólo llevo cuatro mil ...

Ni hablar. Aquí ni regateamos ni discutimos. Esto no es un bazar oriental.

¡APRENDE!

De Compras

Beim Einkaufen

En la tienda y en el mercado

Im Laden und auf dem Markt

En casa

Zu Hause

oye
hör mal
no queda nada para la cena
es ist nichts mehr da zum Abendessen
vamos a comprar
gehen wir einkaufen
¿vale?
Okay?
¿para qué?
wozu?
el congelador
der Tiefkühlschrank
el cocido
der Eintopf
el domingo
Sonntag
no tenemos ni ..., ni ...
wir haben weder ... noch ...
el pan
das Brot
la cerveza
das Bier
el queso
der Käse
la carne picada
das Hackfleisch
la fruta fresca
das frische Obst
el vino blanco
der Weißwein

En la caja del supermercado

An der Kasse vom Supermarkt

¿cuánto?
wieviel?
¿tiene cambio de diez mil?
können Sie auf Zehntausend rausgeben? (haben Sie Wechsel...?)
¡espere!
warten Sie!
voy a ver
ich werde schauen
que
daß
cambiar el billete
den Geldschein wechseln

En el mercado

Auf dem Markt

¿a cómo vende?
zu wieviel verkaufen Sie?
la merluza
der Seehecht
setecientas
siebenhundert
el kilo
das Kilo
¡qué barbaridad! ‹ ›
was'n Hammer!
entonces me da
also, geben Sie mir
dar
geben
un cuarto de sardinas
ein Viertel Sardinen
unos mejillones
ein Paar Muscheln
¿cuántos?
wie viele?
seis u ocho
sechs oder acht
¿algo más?
sonst noch was?
eso es todo
das ist alles
ser
sein
nada más
sonst nichts
kilo y medio
eineinhalb Kilo

las patatas nuevas
die neuen Kartoffeln
¿puede ser un poquito más?
kann's ein bißchen mehr sein?
no importa
macht nichts
los melones
die Melonen
bien pesado
gut gewogen
¿a cuánto están?
was kosten ..?
los champiñones
die Pilze
me llevo
...ich nehme
medio kilo
ein halbes Kilo
¿huevos quiere?
möchten Sie Eier?
son del campo
sie sind vom Land
me pone
geben Sie mir
una docena
ein Dutzend
¿cuánto es?
wieviel macht das?
a ver
mal sehen
setenta y cinco
fünfundsiebzig
a cien
zu Hundert
cincuenta
fünfzig
cuarenta
vierzig
total
alles zusammen

En la tienda
Im Laden

quién
wer
¿a quién le toca?
wer ist dran?
a mí
...ich
la leche del día
frische Milch (vom Tag)
la de brik
die aus dem Paket
bueno, entonces ...
gut, also ...
la caja
Karton

En la calle
Auf der Straße

tomar café
Kaffee trinken
¿sabes qué falta?
weißt du, was fehlt?
¡espérame en el bar!
warte auf mich in der Kneipe
yo
ich

En la panadería
Beim Bäcker

buenas tardes
guten Tag (nachmittags)
¿quién es la última?
wer ist die letzte (der Warteschlange)
soy el último
ich bin der letzte
¿qué le doy?
was gebe ich Ihnen?
una barra
ein Laib
el pan integral
Vollkornbrot
ya no
nicht mehr
una bolsa de bizcochos
eine Tüte Biskuits
la madalena
Biskuitteilchen
no me quedan
hab ich nicht mehr (bleiben mir nicht mehr)
tal vez
vielleicht
en la pastelería de al lado
beim Bäcker nebenan

En el Corte Inglés

Im Corte Inglés

el Corte Inglés
großes spanisches Warenhaus

En la sección de señoras

In der Damenabteilung

puedo probarme
kann ich anprobieren
rojo/a
rot
la talla
die Größe
treinta y ocho
achtunddreißig
un momento
ein Moment
azul
blau
no me gusta
(das) gefällt mir nicht
está en oferta
(das) ist im Angebot
te sale por mil novecientas
das kommt dich tausendneunhundert
noventa y nueve
neunundneunzig

En la agencia de viajes

Im Reisebüro

el viaje
die Reise
¿ustedes venden?
verkaufen Sie?
billetes de barco?
Schiffstickets?
vender
verkaufen
el billete
das Ticket
por supuesto
natürlich, selbstverständlich!
mañana noche
morgen abend
no hay problema
kein Problem
¿en cuánto sale?
wieviel (teuer) kommt ..?
la ida y vuelta
Hin- und Rückfahrt

En la sección de discos

In der Plattenabteilung

el disco
die Platte
trabajamos
wir arbeiten
el cassette
die MC
el compaqdisk
die CD
¿en cuánto salen?
wie teuer kommen ..?
¿tanto?
soviel?
¡qué disparate! ‹ ›
was'n Hammer!
el precio
der Preis
en todos lados
überall
los mercadillos
die Wochenmärkte
valer
wert sein, kosten
valen la mitad
kosten die Hälfte
ahí
dort
original
original
falso
gefälscht
la copia
die Kopie
ilegal
illegal, ungesetzlich

Otra vez en la sección de señoras

Wieder in der Damenabteilung

¿cuánto vale?
was kostet?

este vestido
dieses Kleid
¿cuál le gusta?
welches gefällt Ihnen?
verde
grün
cinco
fünf
quinientos/as
fünfhundert

¡hombre!
Mann!
barato/a no es
billig ist das nicht
llevo cuatro mil
ich habe viertausend dabei
hablar
sprechen

ni hablar
keine Rede!
aquí no regateamos ni discutimos
hier wird nicht gehandelt und nicht diskutiert
esto no es un bazar oriental
das ist kein orientalischer Bazar

TEORÍA

Die Betonung

Ob die letzte oder die vorletzte Silbe betont wird, kommt auf den allerletzten Buchstaben des Wortes an:

1. de**re**cha, cer**ve**za, pa**que**te, bas**tan**te, ta**xi**, mo**men**to, **mu**cho, **ven**den, mo**ne**das, **le**jos

Wörter auf Vokal (**a**,**e**,**i**,**o**,**u**) oder auf **n** oder **s** werden auf der vorletzten Silbe betont

2. to**tal**, congela**dor**, barbari**dad**, inte**gral**, ven**der**, mi**tad**, orien**tal**, ca**lor**

Wörter auf Konsonanten (**b**,**d**,**l**,**r**,**z**) außer auf **n** und **s** werden auf der letzten Silbe betont

3. tel**é**fono, a**vión**, **úl**timo, panta**lón**, ale**mán**, pastele**ría**, in**glés**

Liegt die Betonung auf einer anderen Silbe, muß ein Akzent auf dem Vokal der entsprechenden Silbe stehen

Nach dem Preis fragen

Fragepronomen haben einen Akzent und ein umgekehrtes Fragezeichen am Anfang des Satzes:
¿dónde ..? ¿cómo ..? ¿cuánto ..?

¿cuánto es?	was macht, was kostet? (Gesamtrechnung)
¿cuánto vale?	was macht, was kostet?
¿cuánto sale?	wieviel kommt?
¿en cuánto sale?	wieviel kommt?
¿a cómo está?	was kostet? (Tagespreis z. B. auf dem Markt)

Wird nach mehreren Stücken gefragt, so steht das Verb in der Mehrzahl

¿a cómo está**n** las sardinas?
¿en cuánto sale**n** los cassettes?
¿cuánto vale**n** los pantalones?

1. *Pon el accento correcto*
Setze den richtigen Akzent

1. mamá **2.** aqui **3.** el pantalon **4.** ¿para que? **5.** la habitacion **6.** el avion **7.** ¿esta lejos? **8.** perdon **9.** el cafe **10.** el medico **11.** ¿adonde vamos? **12.** un aleman **13.** el telefono publico **14.** ingles **15.** el dia **16.** solo

2. Schreib einen Dialog in der Plattenabteilung

1. Du möchtest für eine Platte von Plácido Domingo nur 1500 Peseten bezahlen, eine andere Platte kommt nicht in Frage ...

2. Der Verkäufer hat nur eine Platte von Michael Jackson, sie kostet 2800 Peseten, und eine von José Carreras für 1500 Peseten, M. J. gefällt dir nicht ...

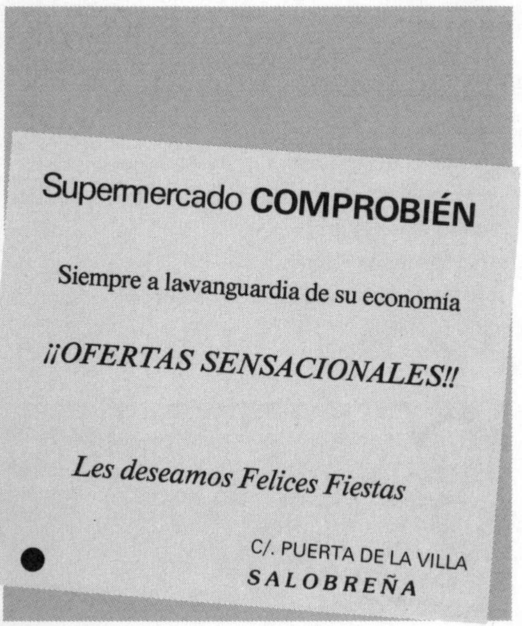

3. *Pregunta por el precio*
Frag nach dem Preis

(Zahlen auf Seite 56)

1. un café con leche, 120
....¿Cuánto vale un café con leche? – Ciento veinte pesetas.....

2. medio kilo de queso, 900 **3.** un Taxi al aeropuerto, 500 **4.** dos kilos y medio de merluza, 3000 **5.** doscientos gramos de champiñones, 200 **6.** una docena de huevos, 300 **7.** cuatro cervezas, 400 **8.** la habitación en la pensión, 1.800 **9.** la suite en el Hotel Ritz, 50.000 **10.** un paquete de leche del día, 110. **11.** el billete a Mallorca, 5.000

TEORÍA

Eigenschaftswort und Hauptwort / Adjektiv und Substantiv

la frut**a** fresc**a**	las patat**as** nuev**as**
el vin**o** blanc**o**	los disc**os** falsificad**os**

Die Endung, männlich oder weiblich, gilt für: Eigenschaftswort und Hauptwort, Einzahl und Mehrzahl

el baza**r** oriental	la blus**a** oriental
los bazar**es** oriental**es**	las blus**as** oriental**es**
el billet**e** car**o**	el tre**n** nuev**o**
los billet**es** car**os**	los tre**nes** nuev**os**

Aufgepaßt: Eigenschaftswörter auf **-o** verändern sich: weiblich **-a**, Mehrzahl **-os** und **-as**. Eigenschaftswörter auf **-l**, **-n** oder **-e** gelten für die männliche und die weibliche Form, verändern sich also nur in der Mehrzahl zu **-les**, **-nes**, **-es**

Beachte: otro und **medio** wird ohne Artikel gebraucht

¡Ojo!

¡espere que voy a cambiar el billete! – warten Sie, ich gehe den Schein wechseln
me da kilo y medio – geben Sie mir anderthalb Kilo
me llevo medio kilo – ich nehme ein halbes Kilo (mit)
no importa – das macht nichts
¿a quién le toca? – wer ist dran?
la pastelería de al lado – die Konditorei nebenan
¿te vienes a..? – kommst du mit zu/nach/in ...?
¿puedo probarme otra blusa? – kann ich eine andere Bluse anprobieren?
en todos lados – überall
sólo llevo cuatro mil – ich habe nur viertausend bei mir

Die Pronomen für Personen

me	mir/mich	**nos**	uns
te	dir/dich	**os**	euch
le	ihm/ihn ihr/sie Ihnen/Sie	**les**	ihnen/ sie Ihnen/Sie

4. Welches Wort paßt nicht?

1. autobús – taxi – farmacia – tren
2. patata – carne picada – cerveza – champiñones
3. gasolinera – estación de trenes – aeropuerto – estadio
4. merluza – mejillones – sardinas – huevos
5. empezar – entender – tener – vender
6. mañana – noche – hoy – doy

5. Auf dem Markt

Sie sind Kunde: 1. «Me da un kilo de merluza.»
1. un kilo de merluza. **2.** medio kilo de sardinas. **3.** una docena de huevos. **4.** kilo y medio de patatas. **5.** medio kilo de café. **6.** una caja de leche.
Sie sind Verkäufer: 7. «¿Le doy un melón?»
7. un melón **8.** cuarenta huevos **9.** un vino blanco **10.** un pan **11.** una bolsa de bizcochos **12.** una barra de pan

6. Vorschlagen/ bitten, etwas zu tun

Was können Sie sagen, wenn Sie…

1. …ein halbes Kilo Seehecht kaufen möchten?
2. …vorschlagen, daß wir Kaffee trinken gehen?
3. …die Hose anprobieren wollen?
4. …wissen wollen, was das Hin- und Rückticket nach Lanzarote kostet?
5. …mit mir einkaufen möchten?
6. …die Kartoffeln zu teuer finden?
7. …nur zweitausend Peseten dabei haben?

TEORÍA

Aufforderung

Am höflichsten gerät es, wenn man eine Frage formuliert:

me da medio kilo	geben Sie mir ein halbes Kilo?
me pone cuatro sardinas	geben Sie mir vier Sardinen?
me esperas en la puerta	wartest du auf mich an der Tür?
te vienes mañana	kommst du morgen?

Verbgruppen

(wichtig ist immer die Endung im Infinitiv)

compr**ar**	kaufen	vend**er**	verkaufen	viv**ir**	leben
compr**o**	ich kaufe	vend**o**		viv**o**	
compr**as**	du kaufst	vend**es**		viv**es**	
compr**a**	er/sie kauft	vend**e**		viv**e**	
compr**amos**	wir kaufen	vend**emos**		viv**imos**	
compr**áis**	ihr kauft	vend**éis**		viv**ís**	
compr**an**	sie kaufen	vend**en**		viv**en**	

genauso auf **-ar**: hablar, esperar, tomar, perdonar, quedar, llevar; auf **-er**: comer; auf **-ir**: discutir

Verbos irregulares

dar geben	**poner** setzen/stellen legen	**salir** rausgehen	**ir** gehen/fahren
d**oy**	p**ongo**	s**algo**	**voy**
das	pones	sales	**vas**
da	pone	sale	**va**
damos	ponemos	salimos	**vamos**
dáis	ponéis	salís	**vais**
dan	ponen	salen	**van**

7. Übersetzung

1. Morgen fahre ich nach Santiago. **2.** Ich fliege mit dem Flugzeug. **3.** Was? Mit dem Flugzeug fliegst du? **4.** Selbstverständlich – ich habe wenig Zeit. **5.** Wir fahren morgen nach Valencia. **6.** Fliegt ihr? **7.** Nein, wir fahren mit dem Zug. **8.** Warum fahrt ihr nach Valencia? **9.** Weil wir dort arbeiten. **10.** Was arbeitet ihr? **11.** Wir gehen Cassetten verkaufen auf einem Wochenmarkt.

8. *Formar frases lógicas*
Logische Sätze bilden

a	En la plaza	**1**	probarme	**a**	una caja de leche.
b	Tal vez	**2**	sale	**b**	rojo.
c	¿Ustedes	**3**	un vestido	**c**	billetes de barco?
d	Puedo	**4**	hay champiñones	**d**	un bazar oriental.
e	No	**5**	está	**e**	problema.
f	Esto	**6**	me da	**f**	en la tienda de al lado.
g	Necesito	**7**	hay	**g**	el pantalón blanco.
h	Señora	**8**	venden	**h**	la ida y vuelta?
i	¿En cuánto	**9**	no es	**i**	la catedral.

9. *Completar las formas del verbo*
Ergänze die Verbformen

trabaj .... com .... discut .... ten............ d..........
trabaj .... com .... discut .... tien........... da.........
trabaj .... com .... discut .... tien........... da.........
trabaj .... com .... discut .... ten............ da.........
trabaj .... com .... discut .... ten............ da.........
trabaj .... com .... discut .... tien........... da.........

¿Cómo se usa el verbo ir?
Wie wird das Verb *ir* gebraucht?

Es steht für (zu Fuß) gehen und (mit Auto, Zug, Bus, Fahrrad ...) fahren

1.**vamos a Sevilla** – wir fahren nach Sevilla
(**ir** + **a** + Richtung, Ziel)
2.**vamos en tren** – wir fahren im Zug
(**ir** + **en** + Transportmittel)

Außerdem:
3.**¡vamos a tomar café!** – laßt uns Kaffee trinken!

4.**voy a llamar mañana** – ich werde morgen anrufen

5.**¿vas a tomar el tren?** – wirst du den Zug nehmen?
(**ir** + **a** + Infinitiv = Zukunft)

Verneinung
no ... ni .... ni

No tengo **ni** tiempo **ni** dinero – ich habe weder Zeit noch Geld
Beachte: vor dem Verb muß ein **no** stehen

Konjunktionen

Die wichtigsten Verbindungswörter zwischen Wörtern, Ausdrücken oder Sätzen sind:

y – und	**pues** – nun	**entonces** – also	**que** – daß
o – oder	**pero** – aber	**porque** – weil	

Beachte: siete **u** ocho – inglés **u** holandés: vor einem Wort, das mit **o** beginnt, wird **o** → **u**

PRÁCTICA

10. *Aquí falta el verbo*
Hier fehlt das Verb

Carmen .... en casa. . No .... ni pan ni queso ni fruta. Maria dice:

Vamos a comprar. .... *patatas, carne picada y huevos.*

¿Adónde .... ?

Bueno, en el mercado hay de todo.

Pero no .... dinero.

No .... .Yo .... tres mil pesetas.

¡Entonces .... al restaurante!

(**Los verbos**: importar, ir, tener, llevar, estar, necesitar, tener)

11. Aus zwei mach eins:

1. No tenemos merluza. No tenemos sardinas.

...No tenemos ni merluza ni sardinas.......

2. Amador no necesita un pantalón rojo. Amador no necesita un violín nuevo. **3.** En la agencia no venden billetes a Ibiza. En la agencia no venden billetes a Canarias. **4.** Aquí no regateamos. Aquí no discutimos. **5.** En los mercadillos no venden gasolina. En los mercadillos no venden helado. **11.** No compro café. No compro leche.

TEORÍA

gustar

schmecken & gefallen

me gusta el vino – mir schmeckt der Wein

me gusta el vestido – mir gefällt das Kleid

me gustan los bizcochos – mir schmecken die Biskuits

me gustan los coches – mir gefallen die Autos

Los números

1	uno	**21**	veintuno	**50**	cincuenta
2	dos	**22**	veintidós	**60**	sesenta
3	tres	**23**	veintitrés	**70**	setenta
4	cuatro	**24**	veinticuatro	**80**	ochenta
5	cinco	**25**	veinticinco	**90**	noventa
6	seis	**26**	veintiséis	**100**	cien
7	siete	**27**	veintisiete	**200**	doscientos
8	ocho	**28**	veintiocho	**300**	trescientos
9	nueve	**29**	veintinueve	**400**	cuatrocientos
10	diez	**30**	treinta	**500**	quinientos
11	once	**31**	treinta y uno	**600**	seiscientos
12	doce	**32**	treinta y dos	**700**	setecientos
13	trece	**33**	treinta y tres	**800**	ochocientos
14	catorce	**34**	treinta cuatro	**900**	novecientos
15	quince	**35**	treinta y cinco	**1000**	mil
16	dieciséis	**36**	treinta y seis	**2000**	dos mil
17	diecisiete	**37**	treinta y siete	**5000**	cinco mil
18	dieciocho	**38**	treinta y ocho	**10000**	diez mil
19	diecinueve	**39**	treinta y nueve	**100000**	cien mil
20	veinte	**40**	cuarenta	**1000000**	un millón

Keine Angst, Sie brauchen nicht gleich alle Zahlen zu pauken. Lernen Sie erst bis zehn, dann bis zwanzig, dann bis hundert, dann den Rest. Diese Liste dient aber sehr wohl zum Nachschlagen.

Beachte: uno und **cien** sind veränderlich: veinti**ún** coches – veinti**una** bicicleta, doscient**os** marcos – doscient**as** pesetas

12. *¿Cómo se escribe en letras?*
Wie schreibt man in Buchstaben?

1	....	11	....	0	....
10	....	14	catorce	5	....
21	....	54	....	9	....
12	....	29	....	100	....
35	....	89	....	98	....

¿... en cifras?
... in Ziffern?

Veintinueve ...... ocho ..8... cinco ...... cien ...... cincuenta ...... cuarenta y tres ...... noventa y dos ...... seis ...... dieciséis ...... ochenta y ocho ...... setenta y siete ...... once ...... quince ...... sesenta y siete......

CLASIFICACIÓN

	J.	G.	E.	P.	F.	C.	P.
Real Madrid	27	19	6	2	79	26	44+16
At. de Madrid	27	15	6	6	39	26	36+10
Valencia	27	12	11	4	41	30	35+ 9
Barcelona	27	15	4	8	57	29	34+ 6
Sevilla	27	15	3	9	48	32	33+ 7
Real Sociedad	27	12	9	6	32	24	33+ 5
Osasuna	26	12	7	7	34	30	31+ 5
Oviedo	27	9	11	7	28	27	29+ 1
Mallorca	27	8	12	7	22	24	28
Logroñés	26	12	4	10	29	32	28
Ath. Bilbao	27	9	9	9	26	26	27+ 1
Zaragoza	27	10	6	11	37	41	26
Çastellón	27	7	10	10	22	36	24– 4
Spórting	27	9	5	13	28	26	23– 3
Tenerife	27	7	8	12	31	38	22– 6
Málaga	26	6	8	12	17	35	20– 4
Valladolid	27	5	9	13	17	29	19– 7
Celta	27	3	10	14	17	29	16–12
Cádiz	27	6	4	17	16	48	16–10
Rayo Vallecano	26	3	6	17	23	55	12–14

No se incluyen los partidos jugados ayer.

13. *Combinar*
Kombinieren

1. leche, fresco..la leche fresca
2. pantalón, nuevo........................
3. vino, claro ....
4. congreso, ilegal........................
5. merluza, bien pesado............
6. cabina, rojo............................
7. billete, falso ....
8. habitación, barato...................
9. pastelería,español..................
10. tienda, bueno...........................
11. problema, complicado...........
12. noche, oriental.........................
13. bazar, alemán.....................
14. tiempo, bueno..........................
15. hotel, caro..........................
16. bar, original..........................
17. cerveza, barato ....
18. vestido, verde..........................
19. pan, integral..........................
20. moda, último..la última moda

LECTURA

UN VAGABUNDO CON DINERO

Amador Vallina es un vagabundo.[1] Tiene un violín[2] muy bueno. Da[3] conciertos en la calle. Amador es un artista.[4] Por la mañana toma café en el bar de la plaza. Le gusta el café con leche. Normalmente come catorce madalenas. Claro, el vino también[5] le gusta.

Hoy hace calor. Amador quiere tocar el violín: «¿Dónde toco?» En la puerta de la iglesia hay un concierto. Toca el artista internacional Amador Vallina.

La gente es buena. Le[6] da mucho dinero: monedas de cinco, diez, veinticinco y cien pesetas. Un colega le da un billete de quinientas. Un turista árabe[7] le da un billete de dos mil. Ahora Amador tiene mucho dinero. Va al banco para cambiar. Quiere un billete de diez mil. No hay problema. Ahora lleva un billete nuevo.

Amador necesita un pantalón nuevo: «¿Dónde puedo comprar uno? Hombre, en El Corte Inglés.» En la sección de caballeros hay uno rojo rojo: «Mmmm, me gusta. ¿Puedo probarme el pantalón?»

«Claro que sí», dice el señor, «sólo vale cuatro mil pesetas." El vagabundo tiene un billete de diez

1 **un vagabundo** Nichtseßhafter
2 **un violín** Geige
3 **da** er gibt
4 **un artista** Künstler
5 **también** auch
6 **le** ihm
7 **un turista árabe** arabischer Turi
8 **Uyyy** Uiii
9 **el Banco Central** (staatliche) Zentralbank

mil. El señor mira el billete: «¡Diez mil pesetas!, ¿diez mil pesetas?, ... un momento, ¡espérame!»

El señor habla con el director y llama al detective. «Buenas tardes», dice el detective, «el billete es falsificado.» «!Uyyy[8], qué disparate!», dice Amador, «el billete es del Banco Central[9].» – «Lo

siento», dice el director, «vamos a la policía.» – «¡Pero qué barbaridad, esto es ilegal !!» – «Ahora no discutimos, vamos a la policía» – «¡¡¡El Banco Central es una Mafia, el Banco Central es una Mafia, el Banco Central es una Mafia..... !!!!»

TEST 1

Der Schlüssel (**Clave**) zu den Tests ist im Anhang. Die **Hörverständnisübungen** finden Sie auf der Cassette.

1. *Comprensión auditiva*

Sie hören jetzt zehn Sätze. Tragen Sie die im Text fehlenden Wörter ein. Wenn es Ihnen zu schnell geht, dann hören Sie die Übung ein zweites Mal.

1. El vagabundo no tiene ....
2. Hoy hace .... en la calle.
3. Señor, ¿hay un .... a Santiago de Compostela?
4. No me gusta el .... disco de Paco de Lucía.
5. Esto no es un bazar ....
6. ¿Ustedes venden .... de avión?
7. ¡Dos mil pesetas! Es el precio ....
8. Los casetes valen la .... en los mercadillos.
9. Necesito un .... rojo.
10. Buenos días, ¿cuánto vale la .... en este hotel?

2. *Comprensión auditiva*

Setzen Sie die Zahlen, die Sie hören, in Ziffern ein:

1. El taxi al aeropuerto vale .... pesetas.
2. Sólo llevo ....
3. La ida y vuelta sale por .... ptas.
4. Mi numero de teléfono es el ....
5. El número de teléfono del Hotel Europa es el ....
6. En la plaza hay .... bares.
7. El hotel está a .... minutos andando.
8. El avión vale .... ptas.

9. El tren vale .... ptas.

10. Hoy la merluza está a .... el kilo.

11. ¿Cuánto valen .... gramos de champiñones?

12. Un cuarto de sardinas sale por .... ptas.

13. Este vestido sólo cuesta .... ptas.

14. Carmen tiene el número de teléfono: ....

15. Luis tiene el ....

16. Una bolsa de madalenas: .... ptas.

17. Mi talla es la ....

18. En la tienda de la plaza los discos sólo valen .... ptas.

19. ¿Cuánto vale la ida y vuelta en barco a Ibiza? – .... ptas.

20. La gasolinera está a .... kilómetros.

3. Kreuzen Sie die richtige Antwort an:

1. ¿Adónde quiere ir usted?
   - a En Barcelona hace frío.
   - b Al aeropuerto.
   - c El bar está en la plaza.

2. ¿Hay un autobús a Málaga?
   - a Mañana vamos a Málaga.
   - b Hoy creo que no.
   - c No hay trenes.

3. ¿Cuánto vale la habitación?
   - a Los champiñones valen 200 ptas.
   - b Dos mil ochocientas por noche.
   - c El hotel no está completo.

4. ¿Tiene usted cambio?
   - a Barato no es.
   - b Sólo llevo un billete de mil pesetas.
   - c Tengo dinero.

5. ¿Cómo está el tiempo en Madrid?
   - a No hace frío.
   - b En la calle hay un teléfono.
   - c No vamos a Madrid.

6. ¿Por qué vas en tren?

- a Esto no es un bazar oriental.
- b Porque no tengo dinero para el avión.
- c Porque no hay autobuses.

7. ¿A cómo venden la merluza?

- a No hay sardinas.
- b No tengo cambio.
- c El kilo vale 1500 ptas.

8. ¿Puede ser un poquito más?

- a ¿Me da medio kilo?
- b No importa.
- c Lo siento.

9. En Barcelona hace frío en la calle.

- a ¿Adónde vamos?
- b ¿Cómo está usted?
- c ¿Cómo está el tiempo?

10. Los champiñones están a 300 ptas.

- a ¿A cómo están los champiñones?
- b ¿Cuánto valen los pantalones?
- c ¿Puedo comprar champiñones?

11. En la plaza hay un bazar oriental.

- a ¿Hay un café oriental?
- b ¿Adónde vamos?
- c ¿Dónde está el bazar?

4. Kreuzen Sie das fehlende, korrekte Wort an:

1. En la plaza hay ...... iglesia.

- **a** la
- **b** un
- **c** una

2. ¿ ...... usted cambio?

- **a** tengo
- **b** tienes
- **c** tiene

3. Yo no ...... español.

- **a** somos
- **b** doy
- **c** soy

4. ¿Ustedes ...... billetes de avión?

- **a** vendéis
- **b** venden
- **c** ponen

5. Es un problema ....

- **a** complicada
- **b** complicados
- **c** complicado

6. Necesito un pantalón ....

- **a** cara
- **b** nuevo
- **c** nueva

7. No tenemos ...... vino ni cerveza.

- **a** si
- **b** ni
- **c** no

8. Me ...... las madalenas.

- a gusta
- b llevan
- c gustan

9. José ...... en Valencia.

- a da
- b vive
- c viven

10. ¿Dónde hay un ...... ?

- a telefón público
- b teléfono publíco
- c teléfono público

5. *Comprensión auditiva*

Sie hören jetzt einzelne Sätze. Kreuzen Sie beim Hören die jeweils passende Frage an. Wenn es Ihnen zu schnell geht, dann spulen Sie zurück und hören Sie die Übung noch einmal:

1. ...

a ¿Cuánto vale el tren?
b ¿Adónde vamos?
c ¿Cómo voy al centro?

2. ...

a ¿Dónde está el hotel?
b ¿Cuánto vale la habitación?
c ¿Puedo llamar por teléfono?

3. ...

a ¿Cuánto es?
b ¿Vamos al congreso?
c ¿Qué empieza esta noche?

4. ...

a ¿Cómo voy al bar Pesetas?
b ¿Cómo está Paco de Lucía?
c ¿Cuánto sale el disco?

5. ...

a ¿Puedo probarme el pantalón?
b ¿Tiene un pantalón rojo?
c ¿Necesito un pantalón rojo?

Test 1 – Gesamtpunktzahl aller richtigen Antworten:

ENTRE AMIGOS

Por teléfono

cuatro – siete – cuatro – ocho – uno – nueve ....

(piiiiiip ......piiiiiip)

Dígame ...

Oiga, oiga.....

Síiii, dígame, ¿quién es?

Soy Julián Correo, un amigo del Zorro, ¿tú eres Amelia?

Sí, ¿qué pasa?

Mira, ¿no estás invitada el domingo a su fiesta?

Sí, claro, ¿por qué?

Porque podemos ir juntos. Yo, … yo también voy y te puedo llevar.

Bueno, bien, ¿dónde quedamos?

Pues no sé, ... a las cinco de la tarde en la puerta del Teatro Calderón, ¿te parece?

Muy bien, ¿cómo te reconozco? ¿De qué marca es tu coche?

Es muy fácil, tengo un Ford Fiesta blanco matrícula de Gran Canaria.

De acuerdo, a las cinco estoy allí.

En el coche

Hola, buenas tardes. ¿Tú eres Julián?

Sí, soy yo. Y tú Amelia, ¿no? ¿Qué hay?, ¡súbete!

¿Cuánto tiempo hace que conoces al Zorro?

Uff, una pila de años. Somos del mismo pueblo. ¿Y tú?

Yo no lo conozco muy bien. Soy amiga de su novia. Pertenezco a un grupo de teatro y el Zorro tiene interés en trabajar con nosotros. ¿Y tú, qué haces?

Soy traductor técnico.

¿Y trabajas por tu cuenta?

No, traduzco instrucciones para aparatos electrodomésticos.

¿Y te gusta?

¡Qué va!, eso me mata. Mi oficio es la ingeniería, pero no encuentro trabajo en esto.

....

Ya llegamos.

Ahh, no llevo tabaco.

Bueno, podemos pasar por el estanco y aprovechamos para comprar una botella de buen champán.

¿Tú qué fumas, rubio o negro?

Marlboro, pero no hace falta, llevo dos paquetes enteros. Voy a la tienda de enfrente ...

En la bodega

¿Tiene algún champán francés?

¡Hombre, dónde estamos! Aquí no hay ni francés ni español. Aquí tomamos champán catalán.

Mmh, ¿de qué marcas tiene?

Este Sadurní semi-seco es muy bueno, lo compra mucha gente.

Nnnh, es que los semi-secos no me gustan.

Aquí tengo un Montferrant brut.

¿Cuánto vale la botella?

Está en oferta, tres por dos mil. Una sola vale mil ....

En la fiesta

Hola Luisa, ¿qué hay? Me alegro de verte.

¿Qué hay? ¿Vosotros, por qué venís tan tarde?

Son las siete, no es tan tarde.

¿Qué tal vuestro viaje?

Bien, ¿dónde está tu novio?
No tengo ni idea, ¡mira en el jardín! Está con su hermana ..
Aquí traigo dos botellas de champán. (la tercera está en el coche) ¿Hay sitio en el congelador?
Ya conoces la casa.

Contándose la vida

¿Qué pasa, cómo estás, Luisa?
¿Bien Amelia, y tú?
Estoy un poco cansada. Ahora estamos a tope de trabajo. Llevo una semana horrorosa que no sé donde tengo la cabeza. Es para volverse loco, vamos. ¿Y tú, qué me cuentas?
No me puedo quejar. La semana que viene voy a Londres.
¿Y eso?
Es fantástico. Me manda nuestro jefe a un cursillo.
¡Qué suerte tienes! A mí no me manda nadie a ninguna parte. Yo siempre en la misma oficina con la misma gente.
¿Quieres tomar algo?
Psssa, ¿qué es lo que hay?
Hoy hay de todo: cerveza, sangría, vino portugués, guisqui, lo que tú quieras ...
Me tomo un poco de sangría. ¿Dónde están los vasos?
En la cocina, en el armario enfrente de la lavadora.

Ligando

¿Qué tal? Soy Julián. Tu cara me suena. ¿No te conozco de algo?

No sé, yo creo que no.

No importa, ¿cómo te llamas?

Isabel....

Estás muy morena. ¿Vas mucho a la playa?

No, es que mis padres tienen un solario.

De todas maneras, estás muy guapa.

¡Venga ya! Perdona, ahí viene mi novio.

(Julián se queda desilusionado)

Gustos

Allí está Manolo. Es muy guapo.

A mí no me gusta. Además no me cae bien, me cae fatal.

Yo me entiendo muy bien con él. Es muy agradable.

Pues yo no lo puedo ver.

¡APRENDE!

Entre amigos

Unter Freunden

Por teléfono

Am Telefon

¡dígame!
Bitte (sagen Sie!)
¡oiga!
hören Sie
¿quién es?
wer ist da?
el Zorro
der Zorro
¿qué pasa?
was gibt es?
¿no estás invitada?
bist du nicht eingeladen?
el domingo
am Sonntag
su
sein, ihr, seine, ihre
la fiesta
das Fest
podemos ir juntos
wir können zusammen fahren
también
auch
te puedo llevar
ich kann dich mitnehmen
¿dónde quedamos?
wo treffen wir uns?
a las cinco
um fünf (Uhr)
de la tarde
am Nachmittag
en la puerta del teatro
vorm Theatereingang
¿te parece?
einverstanden
muy bien
sehr gut
¿cómo te reconozco?
wie erkenne ich dich?
¿de qué marca es tu coche?
was für ein Auto hast du?
es muy fácil
das ist sehr einfach
la matrícula
das Nummernschild
de acuerdo
einverstanden
allí
dort

En el coche

Im Auto

tú
du
¡qué hay!
wie geht's
¡súbete!
steig ein!
¿cuánto tiempo hace que ...?
wie lange ...?
conocer
kennen
una pila de años
ein Haufen Jahre
somos del mismo pueblo
wir sind aus dem gleichen Dorf
la novia
die Braut, feste Freundin
pertenezco a (pertenecer)
ich gehöre zu
un grupo de teatro
eine Theatergruppe
tiene interés en
hat Interesse an
trabajar
arbeiten
con nosotros
mit uns
¿qué haces?
was machst du?
el traductor técnico
technischer Übersetzer
tu
dein/deine
por tu cuenta
selbständig
traducir
übersetzen

traduzco
ich übersetze
las instrucciones para los aparatos electrodomésticos
Gebrauchsanweisungen für elektrische Haushaltswaren
¿y te gusta?
und das gefällt dir?
¡qué va!
überhaupt nicht!
eso me mata
das bringt mich um
mi oficio
mein Beruf
la ingeniería
Ingenieurwesen
pero
aber
encuentro (encontrar)
ich finde
en esto
darin
llegamos
wir kommen an
no llevo tabaco
ich habe keinen Tabak dabei
podemos pasar por el estanco
wir können am Kiosk vorbeifahren
aprovechamos para ...
wir nutzen das, um ... zu
una botella de champán
eine Flasche Champagner
¿qué fumas ?
was rauchst du?
rubio/a
blond / hell
negro/a
schwarz
el paquete entero
das ganze Paket
hacer falta
nötig sein
la tienda de enfrente
das Geschäft gegenüber

En la bodega

Im Weinladen

algún
(irgend)ein
francés
französisch
¡hombre, dónde estamos!
Mann, wo sind wir denn hier?
español
spanisch
tomar
nehmen, trinken
catalán
katalanisch
este
dieser
Sadurní
katalalanischer Sekt
semiseco
halbtrocken
lo compra mucha gente
den kaufen viele Leute
es que
es ist halt so, daß
los semisecos no me gustan
die Halbtrockenen schmecken mir nicht
un Montferrant
katalanischer Sekt
brut
brut
está en oferta
ist im Angebot
tres por dos mil
drei für zweitausend
una sola
nur eine, eine allein

En la fiesta

Auf der Fete

hola
Hallo
alegrarse de
sich freuen über/auf
me alegro verte
ich freue mich, dich zu sehen
¿qué tal?
wie geht's?
vosotros
ihr

vuestro viaje
eure Fahrt (Reise)
venís
ihr kommt
son las siete
es ist sieben Uhr
tan tarde
so spät
el novio
der Bräutigam (fester Freund)
no tengo ni idea
ich habe keine Ahnung
en el jardín
im Garten
está con su hermana
er ist bei seiner Schwester
traigo
ich bringe
la tercera
die dritte
¿hay sitio en el congelador?
ist Platz im Tiefkühlfach?

Contándose la vida
Sich das Leben erzählen

¿cómo estás?
wie geht's dir?
un poco cansado/a
ein bißchen müde
estamos a tope de trabajo
wir haben so viel zu tun
llevo una semana
ich hab 'ne Woche hinter mir
horroroso/a
grauenhaft
no sé donde tengo la cabeza
ich weiß nicht, wo mir der Kopf steht
es para volverse loco/a
es ist zum Verrücktwerden
¿qúe me cuentas?
was gibt's Neues?
no me puedo quejar
ich kann nicht klagen
la semana que viene
nächste Woche
Londres
London
¿y eso?
wieso?
fantástico/a
phantastisch
me manda nuestro jefe
mein Chef schickt mich
un cursillo
ein Fortbildungskurs
¡qué suerte tienes!
was du ein Glück hast
nadie
niemand
a ninguna parte
nirgendwohin
a mí no me manda nadie a ninguna parte
mich schickt niemand nirgendwohin
siempre
immer
en la misma oficina
im gleichen Büro
con la misma gente
mit den gleichen Leuten
¿quieres tomar algo?
willst du was trinken?
¿qué es lo que hay?
was gibt es denn?
hay de todo
es ist von allem da
la sangría
Sangria
portugués
portugiesisch
el güisquí
der Whisky
lo que tú quieras
was du willst
los vasos
die Gläser
el armario
der Schrank
enfrente de
gegenüber von
la cocina
die Küche
la lavadora
die Waschmaschine

Ligando

Beim Anbändeln

ligar
anmachen, anbändeln
sonar
klingen
tu cara me suena
du kommst mir bekannt vor (dein Gesicht klingt mir)
de algo
von irgendwas/wo
yo creo que no
ich glaube nicht
no importa
ist unwichtig
¿cómo te llamas?
wie heißt du?
estás muy morena
du bist ganz schön braun
¿vas mucho a la playa?
gehst du viel an den Strand?
mis padres
meine Eltern
un solario
ein Solarium
de todas maneras
auf alle Fälle/ jedenfalls
estás muy guapa
du siehst blendend aus
¡venga ya!
ach komm!
perdona
entschuldige
ahí
dort
viene
kommt
se queda (quedarse)
bleibt, wird
desilusionado/a
enttäuscht

Gustos

Geschmäcker

allí
dort
guapo/a
hübsch, gut aussehend
a mí no me gusta
mir gefällt er nicht
además
außerdem
no me cae bien
der geht nicht an mich
me cae fatal
ich finde ihn furchtbar
con él
mit ihm
agradable
angenehm
so lo puedo ver
ich kann ihn nicht riechen

TEORÍA

Auffordern

Jemanden, den man duzt

súbete steig ein
mira schau
oye hör
espérame warte
perdona entschuldige

Jemanden den man siezt

hable sprechen Sie
perdone entschuldigen Sie

Einige Formen gelten für tú und usted:

dígame Hallo, sprechen Sie (am Telefon, wer Hörer abnimmt)
oiga hören Sie (am Telefon, wer anruft)
vamos gehen wir

Grüßen

¿qué hay? wie geht's?
¿qué tal? wie geht's?
buenos días guten Tag (von morgens bis mittags)
buenas tardes nachmittags und am frühen Abend
buenas noches spät abends und nachts

Chefärzte grüßen:
¿cómo estamos? wie geht's uns?

Verabschieden

adiós Wiedersehen
hasta luego bis später
hasta la vista auf Wiedersehen (bis zum Sehen)
hasta entonces bis dann
hasta mañana bis morgen

1. *Saludos* Begrüßung

1. Paco y Carmen se encuentran

C: Hola, Paco.

P: Hola, Carmen. ....

C: ¿Cómo estás?

P: Bien, ¿y tu? ....

C: Bien, gracias.

2. Pedro e Isabel se encuentran

P: ¿Qué pasa?

I: ....

P: ¿Qué me cuentas, Isabel?

I: Bueno, ...

3. El señor García y la señora Vázquez

G: Buenas tardes, señora.

V: ....

G: ....

V: Muy bien, gracias, ¿y usted?

G: ....

4. Carmen y Paco se despiden (verabschieden sich)

C: Bueno, mañana me vengo.

P: ....

C: Hasta entonces

P: ....

5. Pedro e Isabel

I: ....

P: ¡Vale!

I: Adiós Paco.

P: ....

6. El señor García y la señora Vázquez

G: Buenas noches, señora.

V: ....

G: ....

V: Hasta la vista.

TEORÍA

La familia

männlich = **el** weiblich = **la**

	los abuelos		
	abuelo	abuela	
	los padres		
hermano	padre ∞ madre		hermana
tío			tía
	los hijos		
primo	hijo	hija	prima

el abuelo	+	la abuela	=	los abuelos (Großeltern)
el padre	+	la madre	=	los padres (Eltern)
el hijo	+	la hija	=	los hijos (Kinder)
el tío	+	la tía	=	los tíos (Onkel & Tante)
el hermano	+	la hermana	=	los hermanos (Geschwister)
el primo	+	la prima	=	los primos (Cousin & Cousine)

Pronomen

Person	Nominativ	Dativ	Akkusativ
1.	**yo**	**me**	**me**
2.	**tú**	**te**	**te**
3.	**él**	**le**	**le/lo**
	ella	**le**	**la**
	usted (señor)	**le**	**le/lo**
	usted (señora)	**le**	**la/le**
1.	**nosotros**	**nos**	**nos**
2.	**vosotros**	**os**	**os**
3.	**ellos**	**les**	**los**
	ellas	**les**	**las**
	ustedes (señores)	**les**	**les/los**
	ustedes (señoras)	**les**	**las/les**

2. *¿Quién es?*

1. El padre de mi madre es mi ....abuelo.... .

2. La hermana de mi padre es mi ....

3. Los padres de mi madre son mis ....

4. El hijo de mi tío es mi ....

5. El hermano de mi madre y su mujer son mis
....

6. La hermana de mi padre y su marido son mis
....

7. Mi hermano y mi hermana son mis ....

8. El hijo de mi padre es mi..................................
o soy ....

3. Aufforderungen

¿Qué dices? Was sagst du, wenn...

1. ...du den Telefonhörer abnimmst? **2.** ...du einer fremden Frau auf den Fuß trittst? **3.** ...du mit einem Freund in einer Kneipe sitzt und gehen willst? **4.** ...du noch was zu tun hast und gleich kommst? **5.** ...du anrufst und der andere nimmt ab?

4. *El pronombre en acusativo*

1. El vestido .....¿Compras el vestido? – No, no lo compro.

2. Los billetes ....

3. La carne picada ....

4. Los discos ....

5. Las sardinas ....

6. El vino ....

7. Las madalenas ....

8. Los casetes de música ....

9. El champán francés ....

10. La leche ....

TEORÍA

Reflexive Verben
sind ganz einfach:

Llamarse: heißen (sich rufen, nennen)

me llamo	ich heiße
te llamas	du heißt
se llama	er/sie heißt /Sie heißen
nos llamamos	wir heißen
os llamáis	ihr heißt
se llaman	sie/Sie heißen

Venirse kommen und dabei sein
Venir kommen allgemein
El tren viene a las siete.
El médico viene hoy.

genauso:
subirse einsteigen
venirse kommen
volverse (loco) (verrückt) werden
tomarse nehmen / trinken
encontrarse sich treffen, sich befinden

La posición del adjetivo
Die Stellung des Eigenschaftswortes

el Corte **Inglés**, un kilo de patatas **nuevas**, el vino **blanco**, la carne **picada**

1. Die meisten **Adjektive** stehen **hinter** dem **Substantiv**

No tengo **mucho** dinero. Ramón no viene, tiene **poco** tiempo. ¡**Otro** café, por favor!

2. **Mucho, poco** und **otro** stehen immer **vor** dem **Substantiv**

Beachte: **otro** steht ohne unbestimmten Artikel: **Otro güisqui, hiics.** Noch ein Whisky, hicks.

5. Reflexive Verben

1. Señor, ¿cómo .... se llama .... usted? (llamarse)
2. ¿ .... a la fiesta? (tú, venirse)
3. Yo no .... en este coche. (subirse)
4. .... un café y luego vamos al teatro. (tomarse)
5. ¿Por qué no .... mañana? (vosotros, venirse)
6. ¿Cómo .... ? – Gerardo, ¿y tú? (llamarse)
7. Yo .... Paca. (llamarse)
8. Ayyy, por favor, aquí.. loco. (yo, volverse)
9. El señor Arnedo .... cuatro güisquis al día. (tomarse)
10. Los Pérez .... esta noche. (venirse)

6. *Ensalada de palabras* Wortsalat

1. las pesetas por kilo nuevas valen 50 patatas

....

2. blanco yo SEAT tengo Ibiza un

Yo tengo un SEAT Ibiza blanco.

3. gustan semisecos me vinos no los

....

4. electrodomésticos aparatos Luis para instrucciones traduce

....

5. parte manda no mí me ninguna nadie a a

....

6. congelador la está botella en tercera el

....

7. Isabel sus porque está tienen solario morena padres un

....

8. rojo billete y necesita tiene Amador pantalón un un mil de diez

....

TEORÍA

un **buen** amigo, la **tercera** botella de champán, por aquí no hay **ningún** bar 'Pesetas', **mal** tiempo, **buenas** amigas

3. Bueno, malo, ninguno, tercero, primero und **último** stehen meist **vor** dem **Substantiv**

Die **männlichen** Formen im **Singular** werden verkürzt:

bueno	→	buen
malo	→	mal
ninguno	→	ningún
primero	→	primer
tercero	→	tercer

Madonna es una **gran** cantante ... eine großartige Sängerin

Maradona es un **gran** futbolista ... ein großartiger Fußballer

4. Gran**de** wird **vor** dem **Substantiv** männlich und weiblich in der Einzahl verkürzt

7. *Preguntas*
Fragen zum Text

1. ¿Cómo se conocen Julián y Amelia? **2.** ¿Dónde se encuentran? **3.** ¿A qué hora se encuentran? **4.** ¿Te gusta el coche de Julián? **5.** ¿Quién va a Londres? **6.** ¿Le gusta ir a Londres? **7.** ¿Qué hay para tomar en la fiesta? **8.** ¿Cómo es Isabel? **9.** ¿Cómo es Julián?

TEORÍA

Ser & Estar

Beide werden mit **sein** übersetzt, aber unterschiedlich gebraucht:

¿Dónde está tu novio?	Wo ist dein Freund?
Está con su hermana.	Er ist bei seiner Schwester.
La tercera botella está en el coche.	Die dritte Flasche befindet sich im Auto.
Ya sabes donde está.	Du weißt schon, wo sie ist.
¿Cómo estás?	Wie geht es dir?
¿Dónde están los vasos?	Wo sind die Gläser?

Wenn wir im Deutschen **sein** durch **sich befinden** ersetzen können, dann steht auf Spanisch **estar**.

¿Como se usa estar?
Wie wird estar gebraucht?

Estoy cansado.
Ich bin müde (aber wenn ich ausschlafe oder einen starken Kaffee trinke, werde ich wieder wach. Müde ist also ein vorübergehender Zustand).

Estás muy guapa.
Du siehst gut aus (d. h. du hast dich schön rausgeputzt. Gut aussehen als vorübergehender Zustand).

Estamos a tope de trabajo.
Wir sind voll eingedeckt mit Arbeit. (Wenn wir im Moment auch noch soviel zu tun haben – wenn die Saison vorüber ist, wird es ruhiger.)

Was nur vorübergehend ist, wird mit **estar** ausgedrückt.

Este champán está en oferta.
Dieser Sekt ist im Angebot. (Nächste Woche kostet er vielleicht wieder das Doppelte.)

8. *Explica la diferencia*
Erkläre den Unterschied

1. Juan es muy guapo. – Juan está muy guapo. **2.** El coche es nuevo. – El coche está nuevo. **3.** María es mala. – María está mala. **4.** La nueva secretaria es morena. – La nueva secretaria está morena.

9. *Dos diálogos*

1. Sie rufen eine Freundin an, Sie verabreden sich. Wo, wann, wozu ... ?
2. Sie möchten den Chef Ihrer Frau einladen und sprechen kurz mit ihm. Wo, wann, wozu ... ?

TEORÍA

¿Cómo se usa ser?
Wie wird ser gebraucht?

¡!

Tú eres Amalia.
Du bist Amalia (und du bleibst es auch).

¿De qué marca es tu coche?
Von welcher Marke ist dein Auto? (Ein Opel wird kein Jaguar.)

Es muy fácil.
Es ist sehr einfach. (Da kann niemand dran rütteln.)

Soy yo.
Ich bin's. (Und werd's auch bleiben.)

Somos del mismo pueblo.
Wir sind aus dem gleichen Dorf. (So ist der Lauf der Geschichte.)

Es para volverse loco.
Das ist zum Verrücktwerden. (Da kann niemand dran rütteln.)

Fernando es muy guapo.
Fernando sieht (immer) gut aus. (Er ist ein schöner Mann.)

Paco es un chico muy agradable.
Paco ist ein angenehmer Junge. (In jeder Situation, von Natur aus.)

Was eine Person immer ist, Name, gelernter Beruf, Freund (ja, ja, da kann man streiten), was zum Wesen einer Person oder Sache gehört, wird mit **ser** ausgedrückt.

Oft ändert sich durch **ser** oder **estar** der Sinn der Aussage:

Carmen **es** guapa.	Sie ist (von Natur) schön.
Carmen **está** muy guapa.	Sie hat sich schön zurechtgemacht.
La nieve **es** blanca.	Der Schnee ist weiß.
La nieve **está** sucia.	Der Schnee ist schmutzig.

PRÁCTICA

10. *¿La forma correta de ser o estar?*

1. No venimos a la fiesta. No .... invitados.

2. El señor García .... ingeniero.

3. ¿Dónde .... la estación de trenes, por favor?

4. Mañana vas a París. ¡Hombre, ... fantástico.

5. Yo .... un buen amigo de José-Luis.

6. No quiero ir. .... muy cansado.

7. Hola Amelia, ¿cómo ....?

8. La chica .... muy morena.

9. ¿Usted .... la señora Sosa?

10. El jefe no ....aquí. ...... con su hermano.

11. ¿Su oficio .... la arquitectura?

12. El Zorro y yo .... de la misma ciudad.

13. María, ¿sabes dónde .... el café?

14. .... españoles pero vivimos en Alemania.

15. La tercera botella de champán....................
....en mi coche.

TEORÍA

Unregelmäßige Verben

Sie sind am Anfang ein bißchen schwierig, aber man braucht nicht jedes einzelne gesondert zu lernen. Sie gehören nämlich fast alle zu Gruppen mit den gleichen Besonderheiten. Es ist gut zu wissen, daß die Unregelmäßigkeit kein Chaos ist. Fast immer sind die 1. und 2. Person Mehrzahl regelmäßig (**-amos**, **-áis**, **-emos**, **-éis**, **-imos**, **-ís**). Diese beiden Formen werden auch **endungsbetont** genannt, der Akzent liegt auf der vorletzten, bzw. letzten Endsilbe.

Heimgesucht von der Unregelmäßigkeit sind die **stammbetonten** Formen, am stärksten die **1. Person Singular**:

dar:	doy	ich gebe
tener:	tengo	ich habe
ir:	voy	ich gehe/fahre
poner:	pongo	ich setze/stelle/lege
estar:	estoy	ich bin

Der stammbetonte Rest – **2., 3. Sing., 3. Plural** – ist immer nach einem gemeinsamen Prinzip unregelmäßig.

tengo	ganz unregelmäßig
tienes	unregelmäßig
tiene	unregelmäßig
tenemos	regelmäßig
tenéis	regelmäßig
tienen	unregelmäßig

Oft ist auch nur die **1. Person** unregelmäßig.

estoy	**doy**
estas	das
está	da
estamos	damos
estáis	dais
están	dan

11. *Poner en orden* Ordnung machen

1	Dolores	**a**	¿conoce usted	**1**	en el bar «Titi».
2	Mi profesor	**b**	traducís	**2**	me mata.
3	Pedro,	**c**	nos volvemos	**3**	reconozco.
4	Con el nuevo jefe	**d**	llevar	**4**	a mi madre?
5	Nos	**e**	pertenece	**5**	a un grupo de teatro.
6	Vosotros	**f**	no te	**6**	instrucciones técnicas.
7	Te puedo	**g**	encontramos	**7**	a la fiesta.
8	Señor,	**h**	de matemáticas	**8**	locos.

TEORÍA

c → zc

conocer kennen/kennenlernen

cono**zco**
conoces
conoce
conocemos
conocéis
conocen

genauso:
pertenecer gehören
reconocer (wieder-) erkennen
traducir übersetzen

o → ue

contar zählen/erzählen

c**ue**nto
c**ue**ntas
c**ue**nta
contamos
contáis
c**ue**ntan

genauso:
encontrar finden
poder können
volver zurückkehren
sonar klinge(l)n

e → ie

querer lieben/wollen

qu**ie**ro
qu**ie**res
qu**ie**re
queremos
queréis
qu**ie**ren

genauso:
entender verstehen
pensar denken
perder verlieren
empezar anfangen

12. Konjugieren Sie im Heft

Pertenecer, encontrar, querer, reconocer, volverse loco.

Tanz bei Vollmond

TEORÍA

Ganz unregelmäßig ist **hacer**:

hacer

hago
haces
hace
hacemos
hacéis
hacen

El adjetivo posesivo
Das Possessivpronomen

mi	mein	meine
tu	dein	deine
su	sein	seine
	ihr	ihre
	Ihr	Ihre
nuestro	unser	unsere
vuestro	euer	eure
su	ihr	ihre
	Ihr	Ihre

Su heißt also:
1. sein, seine (von er)
2. ihr, ihre (von sie)
3. Ihr, Ihre (von Sie)

nuestro / vuestro sind veränderlich:
nuestr**o** profesor – nuestr**a** profesor**a**

In der **Mehrzahl** bekommt das **adjetivo posesivo** immer ein **-s** angehängt:
mi**s** amigo**s**, tu**s** padre**s**, su**s** colega**s**, nuestro**s** profesore**s** – nuestra**s** profesora**s** ...

Nuevo Padre Nuestro

PADRE nuestro, que estás en el cielo,
santificado sea tu nombre,
venga a nosotros tu Reino,
hágase tu voluntad en la tierra como en el cielo.

Danos hoy nuestro pan de cada día;
perdona nuestras ofensas,
como también nosotros
perdonamos a los que nos ofenden;
no nos dejes caer en la tentación
y líbranos del mal.

Amén

PRÁCTICA

13. *Sobre gustos*
Über Geschmäcker

Contesta o comenta – beantworte oder kommentiere:

1. No me gusta Alemania.

....

....

2. ¿Le gusta la música de Julio Iglesias?

....

....

3. No me gusta Gorbachov.

....

....

4. ¿Te gustan los españoles?

....

....

5. No me gustan las fiestas.

....

....

6. A José le gusta un Porsche. ¿Y a tí?

....

....

7. No me gustan «los verdes».

....

....

LECTURA

ANTONIO ES UN ZORRO

Antonio es un zorro[1]. Es muy inteligente[2]. Es matemático[3] y físico nuclear[4]. Es también traductor[5]. Traduce instrucciones para bombas atómicas[6]: «Eso me mata, las bombas atómicas me matan.»
Antonio está siempre muy moreno. No porque va mucho a la playa, ni porque sus padres tienen un

solario. Está moreno porque fuma tabaco radioactivo[7]. Su novia se llama Elvira. Hace[8] muchos años que se conocen. Son del mismo pueblo. Elvira pertence a un grupo de teatro y vende champán radioactivo: «¡Qué suerte tengo, la semana que viene voy a un congreso a París!»
El champán radioactivo le gusta mucho a Antonio. Lo toma con hamburguesas radioactivas. La fórmula[9] de las hamburguesas es secreta[10]: una

buena multinacional[11], medio kilo de carne picada y un cuarto de queso. Ssssss, ¡la fórmula es secreta!

Un domingo por la tarde hay una fiesta en la casa de Elvira y de Antonio. Hay mucha gente. Hay traductores, directores de teatro, matemáticos, artistas y vagabundos. Toman sangría o champán radioactivo. Y toman helado y hamburguesas radioactivas.

«Antonio», dice Elvira, «tus hamburguesas son para volverse loco» – «Elvira», dice Antonio, «tu champán se me sube a la cabeza, ¡me mata!» Hay un señor interesante con un pantalón rojo y una bolsa de bizcochos. «¿Este señor, quién es?», pregunta Antonio a Elvira, «¿es veterinario?» «No, es un ingeniero ruso[12].»

«Hola, soy Antonio, ¿cómo se llama usted?» – «Ivan Gavriilovich, Ivan Andrej Gavriilovich.» – «¿Cómo?, ¡hable más despacio, por favor!» – «Es muy fácil: Ivan como Juan, Andrej como Andrés y Gavriilovich como González. Soy ruso, ehh.»

«Elvira, el ruso es muy agradable, me cae muy bien.» – «A mí no me gusta», dice ella, «me cae fatal. El ruso está en la cocina. Quiere la fórmula de tus hamburguesas radioactivas», dice Elvira. – «¿Un espía, espionaje en mi casa?», pregunta Antonio.

1 **el zorro** der Fuchs
2 **inteligente** intelligent
3 **el matemático** Mathematiker
4 **el físico nuclear** Atomphysiker
5 **el traductor** Übersetzer
6 **las bombas atómicas** die Atombomben
7 **radioactivo** radioaktiv
8 **hace muchos años que** seit langer Zeit
9 **fórmula** Formel
10 **secreto/a** geheim
11 **la multinacional** Multi
12 **el ingeniero ruso** russischer Ingenieur

TEMA 4

COMER Y BEBER

En casa

¿Lola, quieres quedarte a comer? He preparado un potaje buenísimo.

¿Por qué no? Hace mucho que no como potaje.

Ahora lo caliento, y si quieres ... pones la mesa mientras.

¿Los platos dónde están, Sole?

Ahí en la cocina, al lado de esas botellas.

¿Qué cubiertos pongo?

Cucharas y un cuchillo para el pan.

La jarra del agua no la encuentro.

La he metido en el frigorífico.

....

Me muero de hambre.

Ya falta poco.

¿Qué hay de comer?

Arroz a la cubana con huevos fritos.

¡Qué rico! ¿Y de postre?

Arroz con leche para variar.

¿En serio?

Toda la mañana he tenido tantas cosas que hacer que no me ha dado tiempo de nada. Así que .... pero también hay melocotones, naranjas y fresones.

....

Manolito, ¡come con la boca cerrada! ... Entonces, ¿qué ha pasado?

Pues nada, que ha venido la policía y ha cerrado el bar.

Mamá, ¡puaa, qué asco! El filete está quemado.
Si no te gusta .... Estoy harta de tus caprichos. ¡Come lo que hay en la mesa y cállate, déjame hablar con tu padre! Pepa, ¡trae las pastillas de la abuela!

Mamá, tengo hambre.
Como no te has terminado el arroz ....
¿Hay galletas?
Te preparo un bocadillo de queso y te vas a la calle a jugar.
Yo no quiero eso, ¡yo quiero Colacao y galletas!
Déjame en paz. Si quieres: bocadillo y si no ... es lo que hay.
....
¿Qué desayunáis?
Yo - nada, un café con leche y ya está. Y mi marido desayuna en el bar.
Pues nosotros por la mañana necesitamos nuestras tostadas con mantequilla y mermelada, nuestro zumo de naranja ....
Pues a mí me hace falta mucho café con mucho azúcar. Si no, no sirvo...

En el restaurante

La entrada

Esta noche no tengo ganas de hacer la comida.
No importa tesoro, vamos a ese restaurante que han abierto. Te invito yo.
Oh, Alberto, ¡qué generoso estás!
Lo que pasa es que no tengo dinero. ¿Me puedes

prestar cinco mil?
¿Me invitas o pago yo?
¿Quién no tiene ganas de hacer la comida?

Primer plato

Oiga, llevamos media hora ya en esta mesa y todavía no ha traído la carta.
¿No ve cuánto trabajo tenemos?
Sí, pero la gente de esa mesa de ahí ha llegado después y ya tienen la bebida.
Un momentito, en seguida vuelvo con la carta.
Venga, Rosa, rápidamente, ¿qué vas a tomar? ...
Yo, una cerveza grande.
Para mí, un agua mineral.
¿Con o sin gas?
Con gas, por favor.

Segundo plato

¿Qué van a tomar?
No sabemos muy bien. Usted, ¿qué nos recomienda?
Puedo traer unos entrantes o unas gambitas y después vichysoise.
¿Qué lleva eso?
Puerros, nata, queso rallado ...
Muy bien, yo me tomo eso.
Yo una tortilla de patatas.
¿Y de segundo?
¿Pescado hay?
Tenemos besugo al horno, merluza a la vasca, atún a la asturiana.
¿Eso qué lleva?
Es un secreto del cocinero.

Yo atún y una jarra de vino blanco por favor. ¿Y tú, qué quieres?

Yo, paso de pescado. Un escalope con patatas fritas y ensalada.

¡Qué poco original eres! Una vez que te invito a un restaurante - y comes lo de siempre.

Tercer plato

Aquí tiene su pescado y su escalope. ¡Qué aproveche!

...

Mmmh, este atún me gusta así. Está buenísimo, para chuparse los dedos.

No me gusta nada esto. La carne está dura y las patatas están sosas. Falta sal.

Tesoro, pásame el pan, por favor.

Me encanta esta lechuga.

¿Quieres probar mi atún?

No, no, yo paso de pescado.

Cuarto plato

Mira Alberto, ¿has visto, no es ese Pepito, el marido de Aurora?

¿Dónde?

En aquella mesa.

No lo veo, ¿dónde dices?

Allí al fondo.

Sí, es él.

No nos saluda, yo pienso que no nos quiere ver.

Quinto plato

Camarero, hemos terminado. ¿Qué hay de postre?

Hay: flan, fruta del tiempo, melocotones en almíbar, macedonia, crema catalana, ...
No me apetece ninguno de esos postres. ¿Tiene tarta helada?
Lo siento, no me queda.
Entonces un flan con nata. Tú tesoro, ¿qué quieres?
Yo, una manzana.
¿Otra vez?
Yo como lo que me da la gana.
(al camarero) ¿Me trae un café y una copa de coñac?
¿De qué marca lo quiere?
Aquel que hay allí en la barra.

Plato fuerte

Oiga, nos trae la dolorosa por favor.
Ahora mismo.

Oiga, la cuenta por favor.
Ya voy.

Aquí la tiene.
¡Siete mil cuatrocientas cuarenta y ocho! ¿Cómo puede ser?
Ahí lo pone todo.
Y ahora, ¿qué hacemos? Sólo llevo un billete de cinco mil ...

¡APRENDE!

Comer y beber

Essen & Trinken

En casa

Zu Hause

quedarse
bleiben
he preparado
ich habe vorbereitet
un potaje
ein Eintopf
buenísimo/a
sehr gut, hervorragend
hace mucho
schon lange her
calentar
aufwärmen
poner
setzen, stellen, legen
poner la mesa
den Tisch decken
mientras
währenddessen
los platos
die Teller
al lado de
neben
esas botellas
jene Flaschen
los cubiertos
das Besteck
las cucharas
die Löffel
un cuchillo
ein Messer
la jarra
der Krug
el agua
das Wasser
encontrar
finden
la he metido
ich habe ihn/sie gestellt
el frigorífico
der Kühlschrank
morir
sterben
me muero
ich sterbe
el hambre (fem.)
der Hunger
ya falta poco
gleich ist es soweit (schon fehlt wenig)
el arroz a la cubana
Reis auf kubanische Art (mit frittierter Banane, Tomatensoße und Spiegelei)
frito/a
frittiert
¡qué rico!
wie gut! (was schmeckt)
el postre
der Nachtisch
el arroz con leche
der Milchreis
variar
abwechseln
¿en serio?
im Ernst?
tenido
gehabt
he tenido tantas cosas que hacer
ich habe so viele Sachen zu tun gehabt
en toda la mañana
den ganzen Morgen lang
no me ha dado tiempo
ich habe keine Zeit dazu gehabt
tiempo de nada
Zeit zu nichts
así que
also
los melocotones
die Pfirsiche
las naranjas
die Apfelsinen
los fresones
die Erdbeeren
¡come con la boca cerrada!
mach den Mund zu beim Essen (iß mit geschlossenem Mund)
pasado
passiert
pues nada
nichts halt
venido
gekommen

la policía
die Polizei
cerrado/a
geschlossen
¡qué asco!
wie ekelig! (welch Ekel)
el filete
das Filet (meist ist es aber Schnitzel)
quemado/a
angebrannt
si
falls, wenn
estoy harto/a
ich bin es leid
los caprichos
die Launen
lo que hay
das ist, was es gibt
¡cállate!
sei ruhig!
¡déjame!
laß mich!
hablar
sprechen
el padre
der Vater
¡trae!
bring!
las pastillas
die Tabletten
la abuela
die Oma
como
da
tengo hambre
ich habe Hunger

terminado/a
beendet, fertig
las galletas
die Kekse
el bocadillo
das belegte Brot
el queso
der Käse
te vas a la calle
du gehst raus auf die Straße
jugar
spielen
eso/a
dieser, diese
Colacao
spanische Kakao-Marke (gesüßt)
¡déjame en paz!
laß mich in Frieden!
desayunar
frühstücken
y ya está
und fertig
el marido
der Ehemann
nosotros
wir
por la mañana
morgens
nuestro/a
unser
las tostadas
die Toasts
la mantequilla
die Butter

la mermelada
die Marmelade
el zumo de naranja
der Orangensaft
hacer falta
nötig sein
me hace falta
ich brauche
mucho café
viel Kaffee
mucho azúcar
viel Zucker
servir
dienen, brauchbar sein
si no, no sirvo
sonst bin ich zu nichts zu gebrauchen

En el restaurante

Im Restaurant

La entrada

Die Vorspeise

no tengo ganas de
ich habe keine Lust zu
no importa
macht nichts
ese
dieser/jener
han abierto
sie haben aufgemacht

te invito
ich lade dich ein
tesoro
Schatz (Anrede zwischen Langzeitpaaren)
generoso/a
großzügig
lo que pasa es
was passiert ist, ist, daß ..
prestar
leihen
pagar
bezahlen

El primer plato
Der erste Gang

llevamos media hora ya en esta mesa
wir sind schon eine halbe Stunde an diesem Tisch
todavía
noch
traído
gebracht
la carta
die Speisekarte (auch der Brief)
ver
sehen
la gente
die Leute
de esa mesa de ahí
von diesem Tisch dort
llegado
(an)gekommen
después
danach
han servido
sie haben (man hat) bedient
la bebida
das Getränk
un momentito
einen kleinen Moment
en seguida
sofort
vuelvo
ich komme wieder
venga
auf!
rápidamente
schnell
qué vas a tomar
was wirst du trinken / essen
para mí
für mich
grande
groß
un agua (fem.) mineral
ein Mineralwasser
con o sin gas
mit oder ohne Kohlensäure

El segundo plato
Der zweite Gang

sabemos
wir wissen
recomendar
empfehlen
¿qué nos recomienda?
was empfehlen Sie uns?
unos entrantes
Vorspeisen
unas gambitas
Krabben
la vichysoise
die Vichysoise
¿qué lleva eso?
was ist da drin?
el puerro
der Lauch
la nata
die Sahne
rallado/a
gerieben
una tortilla
ein Eierkuchen, Omelette
el pescado
der Fisch
el besugo al horno
Graubarsch, Rotbrasse aus dem Ofen (außerdem bedeutet besugo Dummkopf, Trottel)
los ojos de besugo
Glotzaugen

besuguear
knutschen
la merluza a la vasca
Seehecht auf baskische Art
el atún a la asturiana
Thunfisch auf asturianische Art
un secreto
ein Geheimnis
el cocinero/la cocinera
der Koch, die Köchin
paso de (pasar de)
ich mach mir nichts aus .. / mir ist ... egal
un escalope
ein Schnitzel
las patatas fritas
die Pommes frites (auch ohne Mayo)
la ensalada
der Salat
¡qué poco original estás!
wie wenig originell du bist!
una vez que te invito
wenn ich dich mal einlade (einmal, daß ich dich einlade)
lo de siempre
immer das gleiche (das von immer)

El tercer plato

Der dritte Gang

¡que aproveche!
guten Appetit!
buenísimo/a
hervorragend
me gusta así
so schmeckt mir ...
para chuparse los dedos
zum Sich-die-Finger-Schlecken
no me gusta nada esto
das schmeckt mir überhaupt nicht
duro/a
hart
soso/a
fade
falta sal
es fehlt Salz
¡pásame el pan!
reich mir das Brot!
me encanta
find ich wunderbar (verzaubert mich)
la lechuga
der Blattsalat
probar
probieren

El cuarto plato

Der vierte Gang

¿has visto?
hast du gesehen?
¿no es ese Pepito ?
ist das nicht Pepito?
aquella , aquel
jene, jener
no lo veo
ich sehe ihn nicht
dices
du sagst
allí
dort
el fondo
der Hintergrund
al fondo
hinten
él
er
saludar
grüßen
pensar
denken
no nos quiere ver
der will uns nicht sehen

El quinto plato
Der fünfte Gang

el camarero / la camarera
der Kellner, die Kellnerin
hemos terminado
wir sind fertig
el flan
Karamelpudding
la fruta del tiempo
das Obst der Saison
los melocotones en almíbar
Pfirsich in Sirup (aus der Dose)
la macedonia
der Obstsalat
la crema catalana
die katalanische Creme (süß)
todos esos postres
all diese Nachtische
apetecer
Hunger/Lust haben auf
la tarta helada
die Eistorte
una manzana
ein Apfel
yo como lo que me da la gana
ich esse, worauf ich Lust habe
una copa
ein Gläschen
el coñac
der Cognac
la barra
der Tresen

El plato fuerte
Das Hauptgericht

fuerte
stark
la dolorosa
die Leidvolle (gemeint ist die Rechnung)
ahora mismo
jetzt gleich
la cuenta
die Rechnung
ya voy
ich komme schon (wörtlich: gehe)
aquí la tiene
hier haben Sie sie
¿cómo puede ser?
wie ist das möglich (kann das sein)?
ahí lo pone todo
da steht alles

Pescados - Fischgerichte -

Merluza ala romana con patatas fritas y ensalada
(Seehecht mit Pommes frites und Salat) DM 12.50

Bacalao ala marinera
(Stockfisch Seemannsart) DM 19.50

Bacalao al morro
(Stockfisch nach Art des Hauses) DM 23.50

Merluza ala cazuela
(Seehecht im Steintopf mit grünen Bohnen, Erbsen, Krabben, Herzmuscheln und Kartoffeln) DM 17.50

Sepia
(Ganzer Tintenfisch nach Art des Hauses) DM 19.50

Lenguado con patatas fritas o cocidas
(Seezunge mit Pommes frites oder Kartoffeln) DM 28.50

Zarzuela dela casa DM 29.50

Especialidades dela casa - Spezialitäten des Hauses

Paella marinera
(mit verschiedenen Fischsorten, ab 2 Personen) P. Pers. DM 21.50,-

Paella con pollo
(mit Huhn, ab 2 Personen) P. Pers. DM 16.50,-

Paella valenciana
(mit Tintenfisch, Muscheln, Krabben, Huhn und Kaninchen, ab 2 Personen) P. Pers. DM 24,-

Paella con Conejo
(mit Kaninchen, ab 2 Personen) P. Pers. DM 18.50,-

Paella de Mariscos - Von Meeresfrüchte
(mit Tintenfisch, Muscheln, Venusmuscheln, Krabben, Cigalas, Langostinos u. Sepia) DM P. Pers. 32.50

TEORÍA

El préterito perfecto
Das Perfekt

he pagado	ich habe bezahlt
he llegado	ich bin angekommen

Das **Perfekt** wird ganz einfach gebildet:

1. Hilfsverb ist immer **haber** – haben:

he	ich habe
has	du hast
ha	er/sie hat
hemos	wir haben
habéis	ihr habt
han	sie haben

2. Partizip II (oder Partizip Perfekt) ist fast immer Verbstamm + **-ado** oder **-ido**

prepar**ar**	prepar**ado**
met**er**	met**ido**
discut**ir**	discut**ido**
pas**ar**	pas**ado**
vend**er**	vend**ido**
serv**ir**	serv**ido**
est**ar**	est**ado**
ten**er**	ten**ido**
viv**ir**	viv**ido**
ir	**ido**
d**ar**	d**ado**

Pretérito perfecto: Präsens von **haber** + Partizip II

Partizip der Verben auf **-ar** ist **ado**, auf **-er** und **-ir** ist **ido**

Es gibt nur wenige **Ausnahmen**: **ver** – **visto**, **abrir** – **abierto**, **poner** – **puesto**. Andere werden wir später sehen.

PRÁCTICA

1. *Pon las siguientes frases al préterito perfecto*
Setze die folgenden Sätze ins Perfekt

1. Esta mañana empieza el congreso.

Esta mañana ha empezado el congreso.

2. Vamos en taxi al banco para cambiar dinero.

....

3. Voy a comer con un colega.

....

4. Esta semana Amador da conciertos en la calle.

....

5. La gente le da mucho dinero.

....

6. ¿Hablas con el director?

....

7. No discutimos el problema.

....

8. En la fiesta los esnobs toman wodka y comen hamburguesas.

....

9. ¡Uyyy, tu champán se me sube a la cabeza.

....

10. Este año Alfonso vive y trabaja en Barcelona.

....

11. Héctor y Lola se encuentran en un restaurante.

....

12. Te lo pregunto.

....

2. Zu zweit

Fragen Sie sich gegenseitig:

¿Dónde has estado?
¿Qué ha pasado?
etc.

TEORÍA

Einfacher als im Deutschen brauchen wir nicht zu fragen: haben oder sein als Hilfverb? Immer heißt es **he** ido – ich **bin** gegangen, **he** comprado – ich **habe** gekauft. Spanier, die Deutsch lernen, haben es da schwerer: «Gestern is chabe gefahre nach Frankfort.»

¡!

¡Bitte beachten!:

Alles, was im préterito perfecto ausgedrückt wird, reicht in die Gegenwart. **Esta mañana he preparado el cocido** – Heute morgen habe ich den Eintopf gekocht, jetzt können wir ihn essen.

Oft stehen folgende Zeitangaben beim perfecto: **hoy** – heute, **esta mañana** – heute morgen, **esta semana** – diese Woche , **este año** – dieses Jahr ....

Los verbos irregulares

e → i	**o → ue**
servir	**morir**
sirvo	m**ue**ro
sirves	m**ue**res
sirve	m**ue**re
servimos	morimos
servís	morís
sirven	m**ue**ren
Participio pasado: **servido**	Participio pasado: **muerto** Genauso: dormir/dormido schlafen encontrar etc. (siehe **Tema 3**)

3. *Pon las flechas*
Zieh Pfeile

1 Me muero	**a** nos	**1** en Barcelona?
2 ¿Has	**b** sirve	**2** sirvo.
3 Si no,	**c** ven	**3** en teatro?
4 ¿Qué	**d** de	**4** un plato de pescado.
5 ¿Has	**e** el pan	**5** por favor.
6 El camarero	**f** estado	**6** un film.
7 Pásame	**g** trabajado	**7** recomienda?
8 Isabel y Toni	**h** no	**8** hambre.

4. *Pepa cuenta lo que ha pasado esta mañana*

1. Esta mañana ....he desayunado.......... café con leche y una tostada. **2.** Después .... mi amigo Carlos. **3.** Juntos .... a la calle para comprar un disco. **4.** En la sección de discos de El Corte Inglés .... un disco interesante. **5.** Carlos .... este disco con un billete de cinco mil pesetas. **6.** El vendedor .... el billete y .... con un colega. **7.** Después los dos.............................. a la policía y Carlos .... que ir con ellos. **8.** Ahora estoy sóla.

Los verbos que faltan: desayunar, venir, salir, comprar, pagar, tomar, hablar, llamar, tener – tener que (müssen, haben zu)

5. *¿Cómo se dice en alemán?*
Wie heißt das auf Deutsch?

(Schlagen Sie notfalls im Vokabular oder im Glossar nach)

1. Hace mucho que no fumo. **2.** Isabel ha puesto la mesa. **3.** ¿Está preparado el cocido? **4.** En toda la mañana no me ha dado tiempo de nada. **5.** Manolito, ¡come con la boca cerrada! **6.** ¡Estoy harto de tus caprichos! **7.** ¡Déjame en paz! **8.** Si no, no sirvo. **9.** No tienes ganas de nada. **10.** Llevamos media hora ya en esta mesa. **11.** Yo paso de pescado. **12.** El atún lleva arroz, mantequilla y naranjas. **13.** ¡Que aproveche! **14.** Yo como lo que me da la gana. **15.** ¿Nos trae la dolorosa, por favor? **16.** Ahí lo pone todo.

TEORÍA

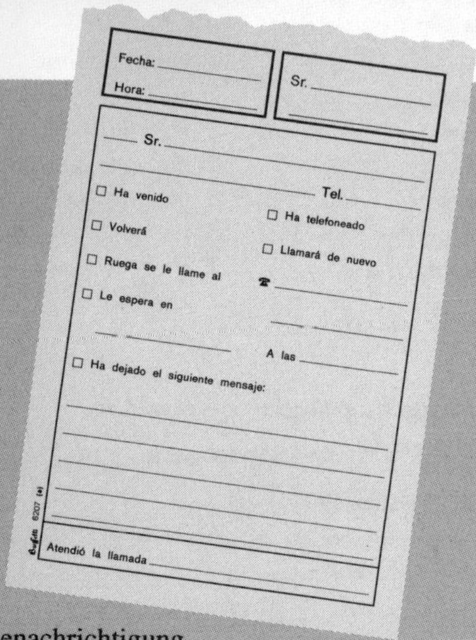

Fecha:

Hora:

Sr.

Sr.

Tel.

☐ Ha venido

☐ Ha telefoneado

☐ Volverá

☐ Llamará de nuevo

☐ Ruega se le llame al

☐ Le espera en

A las

☐ Ha dejado el siguiente mensaje:

Atendió la llamada

Benachrichtigung

Los diminutivos
Die Verkleinerungsformen

Manolo	Mano**lito**
Señora	Seño**rita**
un momento	un momen**tito**
la gamba	la gamb**ita**
Pepe	Pep**ito**
Pepa	Pep**ita**

-ito (männl.) und **-ita** (weibl.) sind die häufigsten Verkleinerungsformen. Andere sind **-illo**/**-illa** und **-ino**/**-ina**

e → ie

pensar

p**ie**nso
p**ie**nsas
p**ie**nsa
pensamos
pensáis
p**ie**nsan

Participio pasado: **pensado**
Genauso:
cerrar/**cerrado** schließen
recomendar/**recomendado** empfehlen
(re)calentar/**(re)calentado** (auf)wärmen

ver

veo
ves
ve
vemos
veis
ven

Participio pasado: **visto**

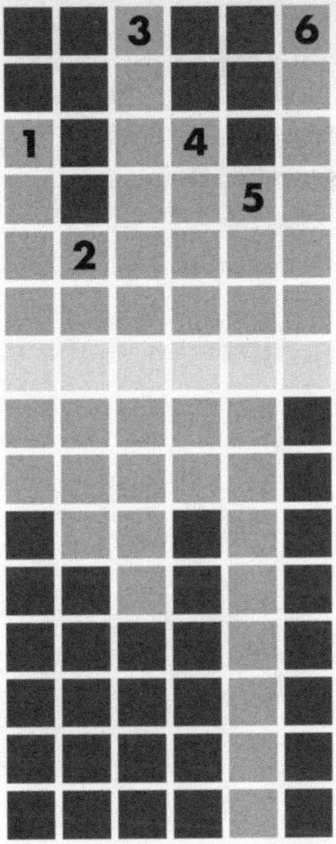

6. *Crucigrama*
Kreuzworträtsel

1. Quiero pagar. ¿Me trae la .... por favor? **2.** Le gusta .... con las chicas morenas en la fiesta. **3.** No es fácil, es .... **4.** Mi jefe me quiere .... a Londres. **5.** (300) .... ptas. **6.** ¿Hay una .... de teléfono por aquí?

TEORÍA

El adjetivo demonstrativo
Das Demonstrativpronomen

esto steht für nahe beim Sprecher:	**dies**
eso steht für näher beim Angesprochenen:	**das**
aquello steht für weiter entfernt:	**jenes**

Vor dem Hauptwort werden die Formen verändert:

este		**estos**	
ese	hombre	**esos**	hombres
aquel		**aquellos**	

esta		**estas**	
esa	mujer	**esas**	mujeres
aquella		**aquellas**	

Ortsadverbien

Die gleiche Dreierteilung gilt für:

aquí	hier
ahí	da
allí	dort

Los números ordinales
Die Ordnungszahlen

1°	primero	**6°**	sexto	**11°**	undécimo
2°	segundo	**7°**	séptimo	**12°**	duodécimo
3°	tercero	**8°**	octavo	**13°**	décimotercero
4°	cuarto	**9°**	noveno	**100°**	centésimo
5°	quinto	**10°**	décimo	**1000°**	milésimo

el segundo vino	der zweite Wein
la segunda botella	die zweite Flasche

Primero und **tercero** werden wie **bueno** / **malo** etc. vor dem männlichen Substantiv in der Einzahl verkürzt: el **primer** plato, mi **tercer** viaje a Canarias ...

Die Ordnungszahlen sind veränderlich. Sie werden in der Regel nur bis **10° – décimo** gebraucht. Ab dann steht die Grundzahl.

Bei **Adressen** steht:
Calle Calvo Sotelo 4, 4°– D (vierter Stock D oder rechts für **derecha**)

7. Markieren Sie...

...im Text alle Ausdrücke mit **este**, **ese**, **aquel** und **aquí**, **allí**, **ahí** etc. Wir haben fünf gezählt. **¿Hay más?** – Gibt's mehr?

¡Ojo! – Achtung! Nicht mit den Verbformen **estás** und **está** verwechseln.

8. Sie fahren mit einem Freund im Auto und zeigen ihm die Stadt

1. ....Esta.... es la estación de trenes. **2.** .... es el teatro. **3.** .... son las discotecas modernas. **4.** .... es El Corte Inglès. **5.** .... son los grandes bancos. **6.** .... es el aeropuerto.

9. *Pon el número correspondiente* Setze die passende Nummer ein:

1. La ......quinta........ sinfonía de Beethoven: ta-ta-ta-taaaaaaa. (5.) **2.** Este es mi .... viaje a Galicia. (4.) **3.** ¿El teatro Colón? – La .... calle a la derecha. (3.) **4.** ¿Tiene el último disco de Paco de Lucía? – No, sólo me queda el .... y el ....(2. & 5.) **5.** Tengo el .... elepé (LP) de los Rolling-Stones.(1.) **6.** El .... viaje. (6.) **7.** La .... casa (4.) **8.** La .... nación (1.) **9.** El .... cielo. (Himmel, 7.)

TEORÍA

Exclamaciones
Ausrufe

¡Qué va!	Ach was! Überhaupt nicht!
¡Qué suerte tienes!	Hast du ein Glück!
¡Qué rico!	Wie gut (das schmeckt)!
¡Qué poco original estás!	Wie einfallslos du bist!
¡Qué asco!	Wie ekelig!
¡Cuánto me gusta este atún!	Wie (sehr) mir dieser Thunfisch schmeckt!

¡Qué! und **¡cuánto!** - wie und wie sehr / wieviel stehen zwischen Ausrufezeichen als Ausdruck der Verwunderung, Überraschung, Ablehnung, Zustimmung etc.

Der Gebrauch von *querer* und *llevar*

Querer heißt wollen und lieben. Es steht allein oder als Modalverb mit einem anderen Verb:

Te quiero. Ich liebe dich.
Quiero una hamburguesa. Ich will 'n Whopperburger.
¿Quieres tomar un coñac? Willst du einen Cognac trinken?

Llevar in seinen verschiedenen Bedeutungen:

¿Me llevas a la estación? Bringst du mich zum Bahnhof?
La sangría lleva licor. In der Sangría ist Likör drin.
¿Cuánto tiempo llevas en Madrid? Seit wann bist du in Madrid?
Llevo dos semanas ya aquí. Ich bin schon seit zwei Wochen hier.

Die Stellung des direkten Pronomens im Perfekt

La jarra del vino, **la** he metido en el frigorífico.
No **te** has terminado el arroz.
No **me** ha dado tiempo de nada.
¿Los libros? **Los** he traído.

Im **préterito perfecto** stehen die **direkten Pronomen vor** dem Hilfsverb **haber**.

11. *¿Como se dice en español?* Wie sagt man auf Spanisch?

1. Heute habe ich unser Auto verkauft.

....

2. Wir haben nicht in Alicante gelebt.

....

3. Hast du diesen Film gesehen?

....

4. Ich habe dir einen phantastischen Eintopf serviert – und er schmeckt dir nicht.

....

5. Herr Ober, wie ekelig! Dieser Thunfisch ist aufgewärmt.

....

6. Du bist ein Kapitalist (capitalista).

....

7. Überhaupt nicht! Ich habe kein Geld.

....

8. Wie sehr mir dieser Reis schmeckt!

....

9. Ich bringe dich zum Flughafen.

....

10. Nein, danke. Ich möchte ein Taxi nehmen.

....

LECTURA

UNA COMIDA DE TRABAJO

Alfonso Trece Guerra es director de teatro. Vive y trabaja en Barcelona. Trabaja con grupos de teatro moderno. Teatro de vanguardia. Le hace falta una mujer guapa para una producción nueva.

Lola España es una modelo[1]. Trabaja en la moda[2]. Es elegante y guapa, está siempre muy bien vestida y morena - es una mujer perfecta. ¿Dónde se encuentran Alfonso y Lola? En un restaurante muy caro. Tienen una «comida de trabajo[3]».

«¿Qué quieres tomar Lola?», empieza Alfonso. «¿Yo?, agua mineral, con gas o sin gas, no importa.» Alfonso llama al camarero: «Oiga, me trae un güisqui con soda[4] y un agua mineral, por favor.»

«¿.... has trabajado en teatro?», quiere saber Alfonso. Parece que no: «Todavía no mucho, pero me encanta», dice Lola. «¿Te gusta el teatro moderno, de vanguardia[5]?», pregunta Alfonso. Lola es muy moderna: «Sí, mucho, me gusta Dallas[6], Falcón Crest[7], La Clínica de la Selva Negra[8] ...» Protesta Alfonso: «¡Pero eso es televisión!»
«No importa.Tu coche de qué marca es?»
«Es un SEAT, no es muy nuevo.»
«Pues a mí me gustan los Mercedes blancos descapotables[9].»

Cuando ya han terminado el aperitivo, Alfonso pregunta:
«¿Qué vamos a comer?»
«¿Yo?, un pescado al horno con ensalada.»
Alfonso llama al camarero:

«Por favor: un pescado con ensalada para la señorita y yo empiezo con unas gambitas, después un plato de vichysoise, después merluza a la vasca, y después dos escalopes con patatas fritas, y para terminar de postre una crema catalana con mucha nata.»
El camarero pregunta: «¿Lo sirvo todo junto[10]?»
«No, hombre, no ... » protesta Alfonso, «y por favor, ¿me trae una botella de vino tinto, un Monistrol reserva 1972?» (mil novecientos setenta y dos)
«Oh, lo siento, no me queda del 72.»
«Entonces uno del 92, no importa.»
Lola reconoce a un colega de Alfonso: «Mira, el chico de esa mesa de ahí, ¿no es el Pedro Almodóvar?»
«Ayy, ¡déjame en paz, Lola, con ese idiota!» A Alfonso no le gustan esos directores de moda[11].
«¿Quieres tomar una copa de este vino?» - Ay, Lola no puede, es que ha tomado unas pastillas. Quiere saber cuándo empieza la producción[12].
Ahora el teatro no le interesa mucho a Alfonso. Piensa en otra cosa: Esta chica está para chuparse los dedos. Le dice: «Primero[13] ven[14] a mi casa a tomar una copa y vamos a hablar más ..»

1 **la (!) modelo** Mannequin
2 **la moda** Mode
3 **una comida de trabajo** Arbeitsessen
4 **un güisqui con soda** Whisky mit Soda
5 **la vanguardia** Avantgarde
6 **Dallas** amerikanischer Heimatschinken
7 **Falcón Crest** idem
8 **La Clínica de la Selva Negra** Schwarzwaldklinik
9 **descapotable** Cabriolet
10 **lo sirvo todo junto** soll ich alles zusammen servieren?
11 **de moda** «in»
12 **la producción** Produktion
13 **primero** zuerst
14 **ven** komm

TEST 2

1. *Comprensión auditiva*

Schauen Sie sich noch einmal im Anhang die Regeln für Aussprache und Schrift an. Schreiben Sie dann die Wörter, die Sie von der Cassette hören:

1.	**2.**	**3.** ....
4.	**5.**	**6.** ....
7.	**8.**	**9.** ....
10.	**11.**	**12.** ....
13.	**14.**	**15.** ....
16.	**17.**	**18.** ....

2. Welche ist die passende Antwort?

1. ¿Dónde quedamos?

- a En la mañana.
- b En la puerta de la iglesia.
- c En el libro.

2. ¿Cuánto tiempo hace que conoces a María?

- a María es una amiga.
- b Uyyy, muchos años ya.
- c Uff, una pila de coches.

3. Y tú, ¿qué haces?

- a Soy taxista.
- b Tengo un coche.
- c La gasolinera está en la plaza.

4. ¿Te gusta el vino?

a No tengo hambre.
b Mmh, es fantástico.
c Manolo es muy guapo.

5. ¿Qué es lo que hay para beber?

a Hay un pantalón rojo.
b Hay vino y sangría.
c Hace calor.

6. ¿Quieres quedarte a comer?

a No, no tengo hambre.
b Sí, soy cocinero.
c Pero también hay melocotones.

7. ¿Me invitas?

a No quiero vino.
b ¿Llevas mucho dinero?
c Carmen está invitada.

8. Usted, ¿qué nos recomienda?

a Lleva puerros, queso y nata.
b No lo veo.
c Un besugo al horno.

9. ¿Tiene tarta helada?

a Hay crema catalana.
b No tengo dinero.
c No me queda.

10. ¡8000 Pesetas! ¿Cómo puede ser?

a Le traigo la cuenta.
b Ahí lo pone todo.
c Sólo llevo cinco mil.

3. *Comprensión auditiva*

Luisa está en la fiesta. Cuenta cosas de su vida. Luisa ist auf dem Fest. Sie erzählt aus ihrem Leben.

Hören Sie den Bericht, wenn erforderlich, zweimal. Kreuzen Sie dann an, ob die acht folgenden Aussagen richtig oder falsch sind:

	correcto	**falso**
1. Luisa está cansada.	☐	☐
2. Luisa tiene mucho trabajo.	☐	☐
3. Luisa no va a Londres.	☐	☐
4. Le manda su jefe a Londres.	☐	☐
5. En la fiesta hay vino francés.	☐	☐
6. Luisa toma sangría.	☐	☐
7. Los vasos no están en la cocina.	☐	☐
8. Los vasos no están en la cocina.	☐	☐

4. Kreuzen Sie das fehlende Wort an:

1. Manuel, ¿ ...... vienes esta noche?

- **a** se
- **b** nos
- **c** te

2. El director no ...... aquí.

- **a** es
- **b** estás
- **c** está

3. Mis amigos ...... profesores.

- **a** estan
- **b** son
- **c** estamos

4. Paco, ¿ ...... hablado ya con el jefe?

- **a** has
- **b** tienes
- **c** hemos

5. Señor, yo ...... llevo a la estación.

- a te
- b le
- c se

6. Carmen ya ...... tres semanas en Alicante.

- a es
- b lleva
- c quiere

7. Ha ...... el señor Peramos.

- a muere
- b morido
- c muerto

8. Esta mañana hemos ...... algo fantástico.

- a vistos
- b veído
- c visto

9. Tú, ¿qué ...... de este problema?

- a pensas
- b piensas
- c piensa

10. No me ...... los políticos.

- a gusto
- b gusta
- c gustan

11. Martirio es una ...... cantante.

- a primer
- b buen
- c gran

12. José, ¡ ...... en el bar!

- a esperar
- b espérame
- c esperáis

5. *Ser* oder *estar*?

Setzen Sie die entsprechende Form ein:

1. Lo siento, el señor Alfonsín no .... aquí en este momento, ... de viaje.
2. Tú .... muy malo. ¿Por qué me dices estas cosas?
3. Nnnh, esto .... un problema muy complicado.
4. Nosotros .... en el norte de los Pirineos.
5. Mis padres .... profesores.
6. Hoy yo no .... muy bien.
7. Mi coche tiene 10 años, pero .... como nuevo.
8. Me he comprado un coche. .... un coche nuevo.
9. Ahh, vosotros no .... españoles, ... alemanes.
10. Señores, ¡ustedes .... invitados! Hoy pago yo.

6. *El pretérito perfecto*

Setzen Sie die folgenden Sätze ins Perfekt:

1. Mis abuelos comen melocotones en almíbar.

....

2. No me gustan las películas americanas.

....

3. Mi tío abre un bar.

....

4. José me invita a comer.

....

5. La señora Escribano tiene muchas cosas que hacer.

....

6. Nuestra hermana se queda en casa.

....

7. Luis me cuenta su vida.

....

8. ¿Por qué no venís?

....

Test 2 – Gesamtpunktzahl aller richtigen Antworten:

TEMA 5

ENFERMEDAD Y SALUD

En un centro de salud

Me duele todo

¿Cómo estamos, señora?

Ayy, doctor, ¡qué mala estoy!

¿Qué le pasa?

Pues, no sé, me duele todo el cuerpo.

Vamos a ver. ¿Qué es lo que le duele?

Cada mañana me levanto con mareos, no tengo apetito en todo el día, la comida me produce vómitos y cuando salgo de casa me canso en seguida. Para colmo - esta pierna, no puedo moverla.

Ahh, eso es grave. Pero no se preocupe, no se va a morir. Vamos a tomarle la tensión. A ver el brazo ......

Ayy, el tabaco

Khe ... khee. khee ....Doctor, ya no sé que hacer. Estoy muy resfriado, no puedo respirar y esta tos, ... khee ...khee, no se me quita.

Vamos a ver. ¿Cuántos paquetes fuma al día?

Muy poco, cinco o seis cigarillos ...

Eso lo dicen todos, pero luego se fuman dos cartones por semana. Si de verdad quiere mejorar, tiene que dejar el tabaco. De todos modos – voy a recetarle unas pastillas contra la tos.

Uyyy ..., las pastillas no me van nada bien para el estómago.

Entonces un jarabe ...

Uno que no quiere trabajar

He tenido toda la noche cuarenta de fiebre.

Vamos a ver .... ahora no tiene ninguna.

No sé que me pasa, pero así no puedo ir a trabajar. No soporto la comida y encima no he dormido nada. ¿No puede ser una infección de vientre?

Tan mal aspecto no tiene. Tiene que tomar manzanilla y hacer una dieta.

Pues, yo así no puedo ir al trabajo.

Lo siento. Esto no es nada grave. Con estos síntomas no le puedo dar de baja. Usted no está enfermo ...

¿El pie roto?

Ayy, doctor, ¡no aguanto más!

Vamos a ver. ¿Qué le ha pasado, señora?

Esta mañana - al salir de compras - me he caído por las escaleras. Al principio no he sentido nada. Pero luego, en casa, otra vez han empezado estos dolores.

¿Dónde le duele?

Aquí en las costillas, en la espalda y este pie también.

Mmm, el pie está un poquito hinchado, pero no está roto. ¿Le duele aquí?

¡Ayy, sí, ahí!

Bueno, vamos a hacer una radiografía. Y si veo que hay algo roto la tengo que mandar al hospital.

Centro de Belleza

Entre mujeres

No me siento nada bien. Concha, no sé que me pasa.

Han abierto un gimnasio nuevo. ¿No has estado?

Todavía no.

¿Qué te parece si vamos juntas? A ti también te hace falta algo de ejercicio.

¿Qué clase de sitio es?

Es un centro con todo. Tiene sauna, solario, piscina, bar y todo tipo de máquinas. Te digo María que es una maravilla.

No sé, estoy un poquito gorda y me da vergüenza.

Por eso vamos, para adelgazar. Mi amiga Teresa ha hecho un curso de dos meses y ya ha perdido cuatro kilos.
¡Qué más quisiera yo!

Problemas de línea

Mi médico me ha dicho que tengo la tensión muy alta porque estoy muy gorda.
Pues yo me tomo unas pastillas que me quitan el hambre y ya he adelgazado.
Ah, yo no. A mí lo de las pastillas nunca me ha ido bien.
Entonces, ¿por qué no dejas de comer tanto?

Criticando

¿Has visto a Manuela, qué gorda está?
Hombre, ha tenido un niño hace tres semanas.
Ah, eso es otra cosa.

Teoría de la belleza

¿Concha, has traído mi libro de aerobic?
Sí, pero lo he dejado en el coche. Ahora te lo traigo.
No importa, hay tiempo.
No, no, ahora te lo devuelvo.

Consejos

Si quieres adelgazar tienes que hacer deporte cada día.
Lo sé, pero no sé qué hacer. No me gusta ni el tenis, ni el esquí, ni la natación ni el footing. Lo único que me llama la atención son los pasteles.

En la recepción

He pedido hora para un masaje.
Todavía no ha llegado el masajista.
Entonces, ¿qué hago? A las cinco me tengo que ir.
¿No puede esperar un cuarto de hora?

Todo tiene su precio

¿Usted ha pagado la matrícula ya?
No, no la he pagado todavía, ¿cuánto debo?
Son dos mil cuatrocientas.
¿Puedo pagar con un cheque?

En la salida

Esto es el paraíso. Ha sido estupendo. Te dan masajes relajantes, te ponen morena, te depilan, te limpian la piel, te pintan las uñas ...
A mí me duele todo el cuerpo. Además no lo aguanto.
¿El qué, a qué te refieres?
A todas esas tonterías que dicen ..

¡APRENDE!

Enfermedad y salud

Krankheit und Gesundheit

En un centro de salud

In einem Tageskrankenhaus

Me duele todo

Alles tut mir weh

¿cómo estamos ?
wie geht es uns? (Chefarztjargon)
doctor
Herr Doktor
¡qué mala estoy¡
wie schlecht es mir geht!
¿qué le pasa?
was haben Sie (passiert Ihnen)?
me duele todo
alles tut mir weh
el cuerpo
der Körper
vamos a ver
mal sehen
cada mañana
jeden Morgen
me levanto
ich stehe auf
los mareos
die Übelkeit
en todo el día
den ganzen Tag über
producir
verursachen, produzieren
los vómitos
Brechreiz
cuando
wenn, dann wenn
salir
rausgehen
cansarse
müde werden
para colmo
obendrein, und noch dazu
mover
bewegen
la pierna
das Bein
grave
schwer, schlimm
no se preocupe
machen Sie sich keine Sorgen
no se va a morir
Sie werden nicht sterben
tomar la tensión
den Blutdruck messen (nehmen)
el brazo
der Arm

Ayy, el tabaco

Auu, der Tabak

resfriado/a
erkältet
respirar
atmen
la tos
der Husten
no se me quita
krieg ich nicht los
los cigarrillos
die Zigaretten
eso lo dicen todos
das sagen alle
el cartón
die Stange (der Karton)
de verdad
wirklich
mejorar
sich bessern, besser werden
dejar
lassen
de todos modos
auf alle Fälle, unbedingt
recetar
verschreiben
contra
gegen
me va bien
bekommt mir gut

el estómago
der Magen
un jarabe
ein Hustensaft

Uno que no quiere trabajar
Einer, der nicht arbeiten will

la fiebre
das Fieber
soportar
ertragen
encima
obendrauf
dormido
geschlafen
una infección
eine Entzündung
el vientre
der Bauch
el aspecto
das Aussehen
la manzanilla
der Kamillentee
hacer una dieta
eine Diät machen
los síntomas
die Symptome
dar de baja
krankschreiben
enfermo/a
krank

El pie roto
Der gebrochene Fuß

¡no aguanto más!
ich halt's nicht mehr aus
al salir de compras
beim (Weg)gehen zum Einkaufen
me he caído por las escaleras
ich bin die Treppe runtergefallen
al principio
am Anfang
sentir
fühlen
sentido
gefühlt
los dolores
die Schmerzen
las costillas
die Rippen
la espalda
der Rücken
el pie
der Fuß
hinchado/a
geschwollen
roto/a
gebrochen
una radiografía
eine Röntgenaufnahme
si veo que hay algo roto
wenn ich sehe, daß etwas gebrochen ist

la (Akk.)
Sie
el hospital
das Krankenhaus

Centro de belleza
Schönheitssalon

Entre mujeres
Unter Frauen

un gimnasio
ein Fitness-Center
¿qué te parece si ..?
was hältst du davon, wenn wir ... ?
junto
zusammen
a tí también te hace falta
auch du brauchst
algo de ejercicio
ein bißchen Training (Übung)
¿qué clase de sitio es?
was ist das für ein Laden (Platz)
la sauna
Sauna
la piscina
das Schwimmbad
todo tipo de
alle Art von ...
las máquinas
die Maschinen
te digo
ich sage dir

una maravilla
ein Wunder, etwas Wunderschönes
gordo/a
dick
la vergüenza
Schande, Scham
me da vergüenza
ich schäme mich
por eso
deswegen
adelgazar
abnehmen
hecho (von hacer)
gemacht
el curso
Kurs
perder
verlieren, abnehmen
¡qué más quisiera yo!
nichts wollte ich lieber! nichts lieber als das

Problemas de línea
Figurprobleme

la línea
Linie, Figur
la tensión
der (Blut)druck
alto/a
hoch
quitar
wegnehmen
lo de las pastillas
das mit den Tabletten
nunca
niemals
me ha ido bien
ist mir gut bekommen
¡deja de comer tanto!
hör auf, so viel zu essen

Criticando
(über andere) nörgeln

ha tenido un niño/una niña
hat ein Kind bekommen
hace tres semanas
vor drei Wochen
eso es otra cosa
das ist was anderes

Teoría de la belleza
Theorie der Schönheit

el libro
das Buch
luego te lo doy
später geb ich dir's
devolver
zurückgeben

Consejos
Ratschläge

el deporte
der Sport
cada día
jeden Tag
el tenis
das Tennis
el esquí
das Skifahren
la natación
das Schwimmen
el footing
das Joggen
lo único que me llama la atención
das einzige, was mich interessiert
los pasteles
die süßen Backwaren

En la recepción
Am Empfang

pedir hora
einen Termin machen
un masaje
eine Massage
el masajista
ein Masseur
un cuarto de hora
eine Viertelstunde

Todo tiene su precio
Alles hat seinen Preis

la matrícula
die Einschreibgebühr
no la he pagado todavía
ich habe sie noch nicht bezahlt
deber
schulden, müssen
¿cuánto debo?
wieviel schulde ich?
un cheque
ein Scheck

En la salida
Beim Rausgehen

el paraíso
das Paradies
ha sido
ist gewesen
estupendo/a
toll, wunderbar
relajante
relaxing
te dan masajes
du kriegst Massagen
te ponen morena
du wirst gebräunt
te depilan
du wirst enthaart
te limpian la piel
du kriegst die Haut gesäubert
te pintan las uñas
du kriegst die Nägel lackiert
¿a qué te refieres?
was meinst du?
¿el qué?
was?
las tonterías
dummes Gerede

TEORÍA

Los verbos reflexivos
Die reflexiven Verben

Levantarse aufstehen:

me levanto	ich stehe auf
te levantas	du stehst auf
se levanta	er/sie steht auf/Sie stehen auf
nos levantamos	wir stehen auf
os levantáis	ihr steht auf
se levantan	sie stehen auf/Sie stehen auf

Einige Verben ändern ihre Bedeutung, wenn sie reflexiv gebraucht werden:

abrir	öffnen	**abrirse**	aufgehen
cansar	ermüden	**cansarse**	müde werden
encontrar	finden	**encontrarse**	sich treffen/sich befinden
ir	gehen/fahren	**irse**	weggehen/aufbrechen
levantar	erheben	**levantarse**	aufstehen
llamar	rufen	**llamarse**	heißen
morir	sterben	**morirse**	umkommen
sentir	(mit)fühlen	**sentirse**	sich fühlen

In der **Umgangssprache** werden viele Verben oft reflexiv gebraucht:

Me como un bocadillo. Ich esse ein belegtes Brot.
¿Quieres fumarte un cigarillo? Willst du eine Zigarette rauchen?

PRÁCTICA

1. Murmeln Sie vor sich hin:

Llamarse (*me llamo, te llamas, se ...*)
sentirse mal ...
irse ...
cansarse ...
no encontrarse bien ...
cambiarse (sich umziehen) ...

2. Reflexiv oder normal?

1. Hoy no ....me siento......... muy bien. (sentir)
2. Oye, ¡yo no .... el coñac! (encontrar)
3. El coñac .... en la cocina. (encontrar)
4. Este film nos .... (cansar)
5. Señora, ¿cómo .... usted? (llamar)
6. Ya no tengo tiempo. .... (yo, ir)
7. Señora, ¿por qué no me .... usted? (llamar)
8. Esta noche nosotros .... al teatro. (ir)
9. ¿Ha muerto tu madre? Lo .... (sentir)
10. El padre .... al niño. (llamar)

3. *Preguntas sobre el texto*
Fragen zum Text

1. ¿El doctor del tema, es un médico típico? **2.** ¿Qué síntomas tiene el muchacho (Junge) que no quiere trabajar? **3.** ¿Qué piensa el médico, le da de baja? **4.** ¿Qué le ha pasado a la señora del pie hinchado? **5.** ¿Dónde le duele? **6.** ¿Qué puede hacer una mujer gorda para adelgazar? **7.** ¿Y un hombre gordo? **8.** ¿Son buenos los pasteles para adelgazar?

TEORÍA

Todo o nada
Alles oder nichts

Todo alleinstehend bedeutet **alles, es ist unveränderlich, bezieht sich auf ein Ganzes.**

Todo tiene su precio. Alles hat seinen Preis.
Un centro con todo. Ein Zentrum mit allem.

Mit Artikel und Substantiv heißt **todo** im Singular: **der/die ganze ...**, im Plural: **alle, jede**

Todo el día den ganzen Tag
Toda la noche die ganze Nacht
Todos los días alle Tage, jeden Tag
Todas las noches alle Nächte, jede Nacht

Nada bedeutet nichts.

No digo nada. Ich sage nichts.
Estoy bien, no me falta nada. Mir geht's gut, es fehlt mir nichts.

Cada jede/r ist unveränderlich und steht nur im Singular.

Cada día jeden Tag
Cada noche jede Nacht

Unregelmäßige Partizipien

Keine Angst, es sind nicht viele. **Muerto** und **visto** sind schon bekannt. Die wichtigsten anderen:

Abrir	**abierto**	Morir	**muerto**
Decir	**dicho**	Poner	**puesto**
Escribir	**escrito**	Ser	**sido**
Hacer	**hecho**	Ver	**visto**

4. *Pon las formas de todo, cada o nada (y el artículo, si es necesario)*
Setze die Formen von *todo, cada* oder *nada* (und den Artikel, falls nötig) ein:

1. José está enfermo. No ha dormido en ....toda la....... noche.
2. Duermo muy mal. .... noche me levanto porque no puedo dormir.
3. ¡Qué vida!.. días la misma oficina.
4. Muchas gracias, no quiero ....
5. Yo no he dicho ....
6. El machista (:Macho) dice: «Me gustan .... mujeres.»
7. .... no es tan fácil como parece.
8. .... cigarrillo es malo para la salud.
9. No hay .... para comer en casa.
10. ¿Qué? ¿Te has bebido .... botella de güisqui?
11. .... mañana me levanto a las siete.
12. Para mí .... viaje es interesante.

5. *Aquí faltan los participios.*

1. Ha .... un día estupendo.
2. El médico me ha .... que no estoy enfermo.
3. ¿Quién te ha .... esta carta? (Brief)
4. ¿Has ....visto........ a Joaquín esta mañana?
5. María ha .... la mesa.
6. En el accidente (Unfall) han .... seis personas.
7. Hoy El Corte Inglés no está ....
8. Hemos .... un viaje fantástico.

(**Los verbos**: abrir, decir, escribir, hacer, hacer, morir, poner, ver)

TEORÍA

Los verbos irregulares
Die unregelmäßigen Verben

caer(se) fallen	**decir** sagen	**pedir** bitten
c**aigo**	digo	pido
caes	dices	pides
cae	dice	pide
caemos	decimos	pedimos
caéis	decís	pedís
caen	dicen	piden
Participio pasado: **caído**	Participio pasado: **dicho**	Participio pasado: **pedido**

perder verlieren	**sentir** fühlen	**mover** bewegen
p**ie**rdo	s**ie**nto	m**ue**vo
p**ie**rdes	s**ie**ntes	m**ue**ves
p**ie**rde	s**ie**nte	m**ue**ve
perdemos	sentimos	movemos
perdéis	sentís	movéis
p**ie**rden	s**ie**nten	m**ue**ven
Participio pasado: **perdido**	Participio pasado: **sentido**	Participio pasado: **movido**

PSICOLOGÍA

Tratamientos individuales, grupo, pareja. ☎ 275 56 11.

PSICÓLOGO
Psicoanalista. ☎ 717 09 00.

CONSULTAS MÉDICAS

EYACULACIÓN
Precoz. Desde Madrid para toda España. ☎ 250 30 60.

IMPLANTE
cabello sintético. ☎ 468 73 57.

CLÍNICA
legal, interrupción voluntaria del embarazo y planificación familiar. Centro Clínico El Bosque. ☎ 91 / 202 59 45, 202 59 46.

6. *Preguntas para discutir con tus compañeros*

1. ¿Te gustan los centros de belleza?
2. ¿Son buenas las pastillas para adelgazar?
3. ¿Haces deporte?
4. ¿Te gustan los pasteles?

7. *Relaciona*
Bring zusammen:

1	Esta tos no se me quita.	**a**	¿Qué te pasa?
2	Estoy muy gordo.	**b**	¿Has estado ya?
3	Me tengo que ir.	**c**	¿Cuántos cigarrillos fuma al día?
4	Todo eso, no lo aguanto.	**d**	¿Pudo pagar con un cheque?
5	Ayy, ¡qué malo estoy!	**e**	¿No puede esperar un poco?
6	Me hace falta mi libro de cocina.	**f**	Mañana te lo traigo.
7	Han abierto un nuevo gimnasio.	**g**	¿A qué te refieres?
8	Son dos mil pesetas.	**h**	Entonces deja de comer tanto.

CIRUGÍA
plástica, financiación.
☎ 468 73 57.

Venéreas, piel. Hilarión Eslava, 55-60. Consultas diarias.
☎ 458 81 32.

EMBARAZO
Interrupción voluntaria. Clínicas legales. ☎ 91 / 711 12 96.

AGENCIAS MATRIMONIALES

Celma. Agencia matrimonial de Andalucía. Ámbito nacional-internacional. Calle Ayala, 1. 29002 Málaga. ☎ 952 / 35 82 98.

Mundo Nuevo. Centro Relaciones Humanas. Agencia matrimonial.

Mundo Nuevo. Gran Vía, 86 (edificio España).

ICROM
(Institución matrimonial).
☎ 571 87 18.

FAMILYAMCLUB
La calidad. Relaciónese eficazmente. Matrimonio, amistades, fiestas, excursiones.
☎ 91 / 519 15 26.

TEORÍA

El infinitivo
Der Infinitiv

Er steht in den unterschiedlichsten Konstruktionen:

1. Mit einem anderen Verb

¿Puedo llamar, por favor? Kann ich bitte telefonieren?

Queremos pedir una paella para cuatro. Wir möchten eine Paella für vier (Personen).

Tengo que trabajar mucho. Ich muß viel arbeiten.

No sé qué decir/hacer. Ich weiß nicht, was ich sagen/tun soll.

Vamos a tomar una cerveza. Gehen wir ein Bier trinken.

2. Alleine, ohne anderes Verb

al salir de la casa beim Aus-dem-Haus-Gehen

para adelgazar um abzunehmen

sin trabajar ohne zu arbeiten

¡a trabajar! an die Arbeit

¡a comer! essen kommen!

El acusativo de la tercera persona
Der Akkusativ der dritten Person

Señora, **la** tengo que mandar al hospital.

¿El libro? **Lo** he dejado en el coche.

¿Las pastillas? No **las** encuentro.

Aquí traigo unos pasteles muy buenos. **Los** compro siempre en el Café Viena.

Vorschlag und Befehl

Wer nicht herumkommandieren möchte wie auf dem Kasernenhof, der schlägt freundlich vor, was zu tun ist. Und je nach Ton gibt man mehr oder weniger sanften Druck dazu.

¿Qué te parece, si tomamos una paella para tres? Was hältst du davon, wenn wir eine Paella für drei nehmen?

¿No podemos tomar una paella para tres? Können wir nicht eine Paella für drei nehmen?

¿Porque no tomamos una paella para tres? Warum nehmen wir nicht eine Paella für drei?

¡Vamos a tomar una paella para tres! Nehmen wir (doch) eine Paella für drei!

8. Schreiben Sie ...

... sämtliche Infinitiv-Konstruktionen aus dem Dialog von **Tema 5** raus oder markieren Sie sie.

9. *Contesta con un pronombre* Antworte mit einem Pronomen

1. ¿Dónde está el vino? .....Lo... he metido en el frigorífico. **2.** ¿Has visto mis pantalones? No, no .... he visto. **3.** ¿Te hace falta el coche? No gracias, no .... necesito. **4.** ¿Sabes dónde están mis pastillas? .... he visto en el baño. **5.** ¿Me dejas tu vestido nuevo? No, lo siento, está noche .... necesito. **6.** ¿Dónde he metido los discos de Serrat? Ni idea, no .... he visto. **7.** ¿Te hace falta un café? ¿..................... hago yo? (= soll ich ihn machen) **8.** ¿Has traído las galletas? No, ... he dejado en la cocina.

10. Vorschläge formulieren

1. ins Restaurant gehen (wir)
2. Champagner kaufen ((wir)
3. eine Diät machen (du)
4. 4 Kilo abnehmen (du)
5. zum Arzt gehen (du)
6. mit einem Scheck bezahlen (Sie)
7. ins Schwimmbad gehen (wir)
8. morgen ins Theater gehen (wir)
9. ins Auto einsteigen (Sie)
10. ein Bier trinken (du)
11. sich keine Sorgen machen (Sie)
12. aufhören zu rauchen (du)
13. einen Seehecht auf baskische Art essen (wir)

TEORÍA

Algunos imperativos
Einige Befehlsformen

Tú:

¡come! iß! **¡cállate!** sei ruhig! **¡déjame!** laß mich! **¡súbete!** steig ein! **¡mira!** schau! **¡espérame!** warte auf mich! **¡trae!** bring! **¡perdona!** entschuldige!

Usted:

¡oiga! hören Sie! **¡diga!** sagen Sie! **¡hable!** sagen Sie! **¡perdone!** entschuldigen Sie!

Bei **regelmäßigen Verben** funktioniert der Imperativ so:

Bei Verben auf -**ar**:

tú	mir**a**
	habl**a**
usted	mire
	hable

Bei Verben auf -**er**:

tú	come
usted	com**a**

Bei Verben auf -**ir**:

tú	sub**e**
usted	sub**a**

3. Person	**Einzahl**
indicativo	imperativo
1. escuch**a**	¡escuch**e**!
2. come	¡com**a**!
discute	¡discut**a**!
1. a → e	**2. e → a**

¡!

¡Ojo!

¡Qué malo estoy! Wie schlecht es mir geht!
Las pastillas no me van nada bien. Die Tabletten bekommen mir nicht.
No sé que me pasa. Ich weiß nicht,was mit mir los ist.
Me he caído por las escaleras. Ich bin die Treppe runtergefallen.
No me siento nada bien. Ich fühle mich überhaupt nicht wohl.
Me da vergüenza. Ich schäme mich.
¡Qué más quisiera yo! Was wollte ich mehr!
Lo único que me llama la atención es / son... . Das einzige, was mich reizt, ist / sind ...
¿A qué te refieres? Was (genau) meinst du?
Tengo que decirte una cosa. Ich muß dir was sagen.

11. Zu zweit
Dialoge schreiben und sprechen

1.

A geht es schlecht, hat alle möglichen Wehwehchen.
B hört geduldig zu, gibt Ratschläge.

2.

A geht ins Fitness-Center. **B** will nicht mit, ist zu dick.

12. *Traducción*
Übersetzung

1. Ich bin die Treppe runtergefallen. **2.** Das Bein tut mit weh. **3.** Ich mache einen Termin beim (al) Arzt. **4.** Der Arzt sagt mir: Es ist nichts Schlimmes. **5.** Manuela geht in ein Fitness-Center. **6.** Jeden Tag nimmt sie ein Kilo ab. **7.** Sie bewegt sich viel. **8.** Jetzt fühlt sie sich besser.

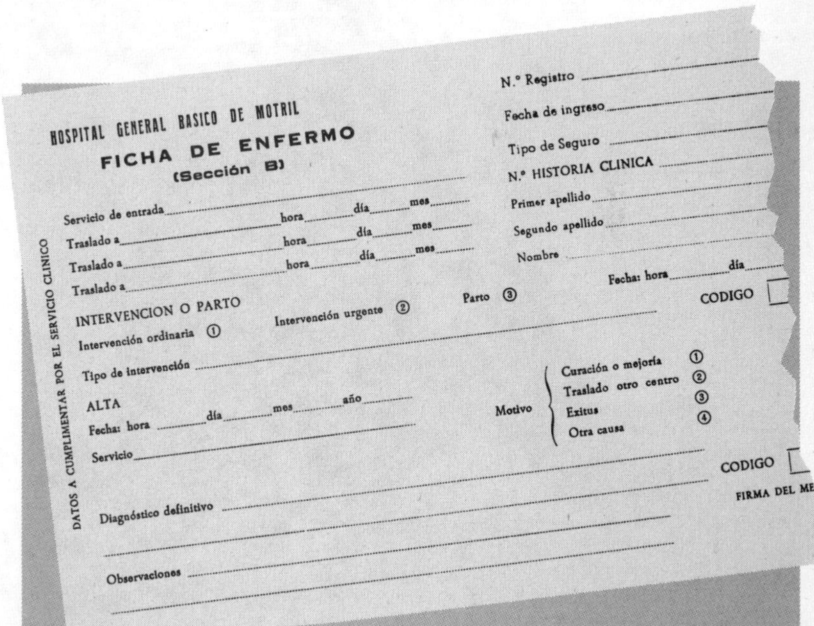

HOSPITAL GENERAL BASICO DE MOTRIL
FICHA DE ENFERMO
(Sección B)

N.° Registro
Fecha de ingreso
Tipo de Seguro
N.° HISTORIA CLINICA
Primer apellido
Segundo apellido
Nombre

DATOS A CUMPLIMENTAR POR EL SERVICIO CLINICO

Servicio de entrada ... hora ... día ... mes ...
Traslado a ... hora ... día ... mes ...
Traslado a ... hora ... día ... mes ...
Traslado a ...
Fecha: hora ... día ...

CODIGO

INTERVENCION O PARTO
Intervención ordinaria ① Intervención urgente ② Parto ③
Tipo de intervención

ALTA
Fecha: hora ... día ... mes ... año ...
Servicio

Motivo: Curación o mejoría ① / Traslado otro centro ② / Exitus ③ / Otra causa ④

CODIGO

FIRMA DEL ME

Diagnóstico definitivo

Observaciones

LECTURA

UNO QUE DE VERDAD NO QUIERE TRABAJAR

Esta mañana Agustín Pícaro Remolón ha estado en el médico[1]. Ha tenido fiebre, no ha dormido en toda la noche, no ha comido nada, ha tenido mareos y vómitos, le ha dolido todo el cuerpo.

Pero nada. El médico es muy duro. Con todos esos síntomas no le ha dado de baja. Ahora Agustín vuelve a casa.

«María, ¿qué hago?», pregunta a su amiga, «el médico me manda al trabajo.» Claro, Agustín no tiene ganas de ir a trabajar. Está harto de ver todos los días a la misma gente y la misma oficina. El jefe es un idiota. Y los colegas trabajan tanto. «¿Qué hago, María?» - «Tienes que llamar a la oficina y decir que estás enfermo.» Agustín coge el teléfono para llamar a la secretaria: «Manolita, no me encuentro muy bien, ¿sabes?, hoy me voy a quedar en casa. Y mañana voy otra vez[2].»

Ahora Agustín se encuentra bien. Un día sin trabajo es una maravilla. Invita a María a tomar café y pasteles en una buena cafetería[3]. Después van a la piscina. Es el paraíso: hace un día estupendo, hace mucho calor, el agua está caliente[4] ...

«Mira Agustín, ¿no es ese Carlos el que trabaja en tu oficina?» - «Uyyy, ¡vámonos en seguida!» Se preparan para volver a casa. En la puerta de la piscina alguien le llama : «Agustín, Agustín, ¿usted no está en la cama?» Es el jefe que llega con Manolita. «Hhm, hhm, buenas tardes, jefe, ahora voy al hospital. Ayy, que me duele todo el cuerpo.» - «Venga ya, no quiere trabajar, ¿verdad?» Agustín piensa: «¿qué hago, qué hago?» y le dice al jefe: «Bueno, yo estoy enfermo y usted no ha ido a la piscina con Manolita, ¿vale?»

[1] **estar en el médico** beim Arzt sein
[2] **mañana voy otra vez** morgen komm ich wieder
[3] **la cafetería** Café/ Cafeteria
[4] **caliente** warm/heiß

TEMA 6

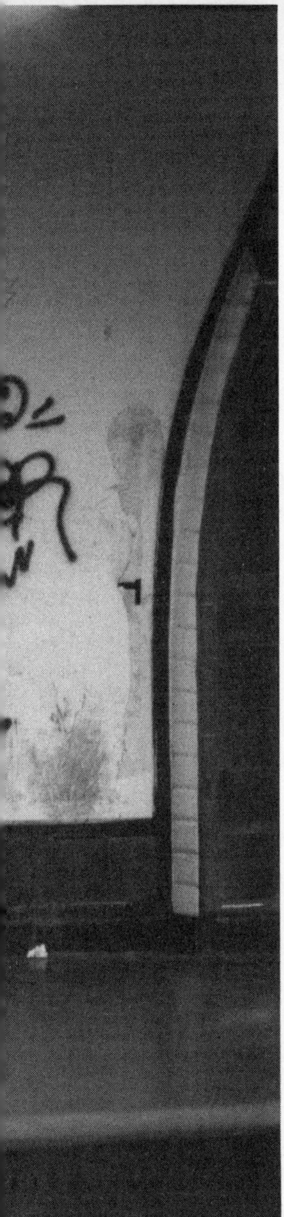

VIVIR CADA DÍA

Queridos oyentes. Aquí estamos nuevamente con nuestro espacio "Vivir cada día". Como siempre tenemos con nosotros a un invitado. Y como siempre le voy a hacer veinte preguntas.

Una. Antonio de la Fuente, ¿a qué hora te has levantado, que tienes tan mala cara?
Hombre, entro a las ocho y para llegar a tiempo me tengo que levantar a las seis y cuarto. Pero sí que me hacen falta algunos días de vacaciones para descansar.

Dos. ¿Te duchas por la mañana?
Si no me ducho no me despierto.

Tres. ¿Qué desayunas normalmente?
Un café en casa antes de salir y unas galletas, nada más.

Cuatro. ¿Cómo vas al trabajo?
Eso es lo malo. De mi casa a la oficina hay por lo menos tres cuartos de hora. No tengo más remedio, tengo que ir en metro.

Cinco. ¿Por qué no vas en coche?
Porque para eso me tengo que levantar media hora antes. Además con lo cara que es la gasolina.

Seis. ¿Tienes algún descanso antes del almuerzo?
Sí, a media mañana vamos a tomar algo al bar de la esquina.

Siete. ¿Te gusta la comida de los bares?
No la puedo ver. Pero lo agradable es estar con los compañeros.

Ocho. ¿Echas la siesta por la tarde?
Es difícil. No le gusta a mi jefe. Pero normalmente me siento en mi mesa de trabajo y consigo descansar un rato.

Nueve. ¿A qué hora terminas de trabajar?
Antes de las siete y media no salgo.

Diez. ¿Vuelves a casa en seguida?
No, no voy directamente. Suelo tomar una cerveza antes de coger el metro.

Once. ¿Estás casado?
Sí.

Doce. ¿Qué hace tu mujer?
Yo que sé. No la veo en todo el día.

Trece. ¿Tienes hijos?
Hasta ahora no.

Catorce. ¿Friegas en casa?
¡Como no! Los domingos le ayudo a mi mujer a hacer la comida.

Quince. ¿Salís mucho por la noche?
No salimos mucho. Una vez por semana vamos a tomar una copa por ahí. Una vez al mes vamos al cine o al teatro.

Dieciséis. ¿Qué clase de películas te gustan?
Soy muy aficionado al oeste. Pero me gustan también las de ciencia ficción.

Diecisiete. ¿Veis la televisión?
Acabamos de comprar un vídeo. A veces vienen mi cuñado y mi cuñada o unos amigos para charlar o para ver alguna película interesante.

Dieciocho. ¿Qué hacéis los domingos?
Cuando vienen mis suegros comemos juntos. Y después me voy a mi cuarto. Políticamente no nos entendemos muy bien. El es franquista de toda la vida.

Diecineuve. ¿Adónde os vais de vacaciones?
Para esto el presupuesto no alcanza, es demasiado caro. Hasta el año 2002 tenemos que pagar el crédito del chalet adosado que hemos comprado.

Veinte. ¿Estás contento con la vida que llevas?
Hombre, no me puedo quejar. Tampoco la puedo cambiar.

¡APRENDE!

Vivir cada día

Täglich leben

vivir
leben
cada día
jeden Tag
queridos oyentes
liebe Hörer
nuevamente
wieder
el espacio
das Programm
como siempre
wie immer
un invitado
ein Gast
hacer preguntas
Fragen stellen
levantado
aufgestanden
tienes tan mala cara
du siehst so schlecht aus
entrar
eintreten, anfangen zu arbeiten
a tiempo
rechtzeitig
levantarse
aufstehen
a las seis y cuarto
um Viertel nach sechs
unos días
einige Tage
descansar
ausruhen
ducharse
sich duschen
despierto (despertarse)
aufgewacht (aufwachen)
desayunar
frühstücken
normalmente
normalerweise
por lo menos
wenigstens
tres cuartos
drei Viertel
antes de salir
vor dem Aus-dem-Haus-Gehen
las galletas
die Kekse
eso es lo malo
das ist das Schlechte
de … a …
von … bis …
nada más
sonst nichts
no tengo más remedio
ich habe keine andere Wahl
ir en metro
mit der U-Bahn fahren
en coche
im Auto
para eso
dafür
media hora antes
eine halbe Stunde vorher
además
außerdem
con lo cara que es la gasolina
bei den Benzinpreisen!
el descanso
die Ruhepause
demasiado
zuviel
caro/a
teuer
el almuerzo
das Mittagessen
a media mañana
am späten Vormittag
el bar de la esquina
die Kneipe um die Ecke
no la puedo ver
die kann ich nicht (mehr) sehen
lo agradable
das Angenehme
los compañeros
die Freunde
echar la siesta
ein Mittagsschläfchen halten
sentarse
sich setzen
difícil
schwierig
me siento
ich fühle mich

consigo (conseguir)
es gelingt mir
ich schaffe es zu
un rato
eine Weile
terminar de
aufhören zu
directamente
direkt
(vuelves) volver
zurückkommen
(suelo) soler
pflegen zu ...
coger el metro
die U-Bahn nehmen
casado/a
verheiratet
la mujer
die Frau
yo que sé
was weiß ich
el hijo/la hija
der Sohn, die Tochter
hasta ahora
bis jetzt
fregar
spülen
¡como no!
wieso nicht?
los domingos
sonntags
ayudar
helfen
hacer la comida
das Essen machen

por la noche
nachts
por semana
pro Woche
tomar una copa por ahí
einen trinken gehen
el mes
der Monat
al mes
im Monat
el cine
das Kino
el teatro
das Theater
¿qué clase de película te gusta?
welche Art Filme gefällt dir?
aficionado/a
Fan, Liebhaber
el oeste
der Westen, Western
la ciencia ficción
Science-fiction
ver la televisión
fernsehen
acabamos de comprar
wir haben gerade gekauft
un vídeo
ein Video
a veces
manchmal
el cuñado
der Schwager

la cuñada
die Schwägerin
charlar
reden, quatschen, sich unterhalten
alguna película interesante
(irgend)ein interessanter Film
los suegros
die Schwiegereltern
el cuarto
das Zimmer
políticamente
politisch
un franquista de toda la vida
durch und durch Franquist (nach Franco, Diktator von 1936–1975)
os
euch
irse de vacaciones
in Urlaub fahren
el presupuesto
der Etat, der finanz. Haushalt
alcanzar
(er)reichen
el año
das Jahr
el crédito
der Kredit
el chalet adosado
das Reihenhaus

contento/a
zufrieden

¿estás contento con la vida que llevas?
bist du zufrieden mit dem Leben, das du führst?

no me puedo quejar
ich kann mich nicht beklagen

tampoco
auch nicht

cambiar
ändern, wechseln

TVE-1

8.50 Música N. A. (repetición).
9.30 Sopa de gansos (repetición).
10.00 El día del Señor. Santa misa.
11.00 Avance telediario.
11.05 Concierto. *VI Festival de Música de Canarias.* Desde Las Palmas de Gran Canaria y durante el VI Festival de Música, la Orquesta de Cámara Eslovaca, dirigida por Bohdan Warchal, interpretará las siguientes obras de J. S. Bach: *Conciertos de Brandemburgo números 6 y 4, Allegro del concierto número 5, Aria de la Suite en Re.*
12.00 Pueblo de Dios. *América: 500 años de fe: Guadalupe, por manto quiero un sarape.*
12.30 Campo y mar.
13.00 El salero (repetición en TVE-2 el martes 6 a las 9.00).
14.00 Nuestra Europa. *La noche europea.*
14.30 Domingo revista.
15.00 Telediario fin de semana.
15.30 El tiempo.
15.35 Los trotamúsicos. *El extraño caso raro.*
16.05 La comedia. *Mi mujer favorita (My favorite wife),* 1940 (88 minutos). Dirección: Garson Kanin. Guión: Bella y Samuel Spewack y Leo McCarey. Fotografía: Rudolph Mate. Música: Roy Webb. Nacionalidad: Norteamericana. Intérpretes: Cary Grant, Irene Dunne, Randolph Scott, Gail Patrick, Anne Shoemaker. Una mujer, Ellen Arden, fotógrafa de una expedición científica a los mares de China que naufragó, tras siete años desaparecida, es dada por muerta, y su marido, el elegante y atractivo Nick Arden, contrae un nuevo matrimonio con Bianca.
17.40 Juego de niños. Dirección: Miquel Obiols. Realización: Amparo Solís. Presentación: Ignacio Salas.
18.10 Dibujos animados. *Merrie melodies: ¡Qué fiasco de fiesta!*
18.35 Crónica del alba. Episodio número 1. Dirección: Antonio J. Betancor. Autor: Ramón J. Sender. Guión: Lautaro Mu-

rúa, Antonio Betancor, Javier Moro, C. Escobedo. Fotografía: Juan A. Ruiz Anchia. Música: Rit Ortolani. Intérpretes: Anthony Quinn, Jorge Sanz, Paloma Gómez, Saturno Cerra, Concha Leza, Alfredo Luchetti, Marisa de Leza y la colaboración de Eusebio Poncela. 1910 en un pueblo del Bajo Aragón. La infancia de Pepe Garcés se reparte entre su amor por Valentina, las desavenencias con su padre y los buenos ratos pasados con su aliado Mosén Joaquín.

19.30 Alf.

19.55 Al filo de lo imposible. *Himalaya, continente perdido.*

20.30 Telediario fin de semana.

21.00 El tiempo.

21.05 En portada.

21.55 Domingo cine. *Jesucristo Superstar (Jesus Christ Superstar),* 1973 (102 minutos). Dirección: Norman Jewison. Guión: Melvyn Bragg, Norman Jewison. Fotografía: Douglas Slocombe. Musica: Andrew Lloyd Webber. Nacionalidad: Norteamericana. Intérpretes: Ted Neeley, Carl Anderson, Yvonne Elliman, Barry Dennen. Versión cinematográfica de la famosa ópera *rock* del mismo título. Un grupo de jóvenes visita Israel y, a través de su música, baile y canciones, recrea algunos episodios de la vida de Jesús de Nazaret.

23.50 Avance telediario.

MADRUGADA

23.55 Ballet. *Giselle, Majísimo y La diva* (130 minutos). Dirección: José Luis López Enamorado. Realización: Carlos Usillos. Música: Adam Massenet y Félix Guerrero. Presentación: José Luis Téllez. El Ballet Nacional de Cuba ofrece tres coreografías de diferente corte en una sola gala:

— *Giselle,* segundo acto. Coreografía de Alicia Alonso sobre la original de Coralli y Perrot. Acto donde el amor profundo y generoso de Giselle salva la vida de Albrecht.

— *Majísimo.* Coreografía de Jorge García basada en la obra *El Cid,* de Massenet. Divertimiento de aires hispanos en contrapunto con la técnica clásica.

— *La diva.* Coreografía de Alberto Méndez y música de Félix Guerrero sobre obras operísticas de diversos autores. La apasionante vida de María Callas dividida en cinco escenas: el concierto, el recuento, la plenitud, el vacío y el mito.

2.05 Despedida y cierre.

TVE-2

7.45 Carta de ajuste. *Fantasía castellana.* Conrado del Campo.

7.59 Apertura.

8.00 Con tu cuerpo.

8.15 Dibujos animados. *Los amigos de Gusiluz:* 'La busqueda'.

8.30 Cursos de idiomas.

10.00 Los Picapiedra.

10.30 Cine para todos. *La segunda guerra de los niños,* 1981 (89 minutos). Dirección: Javier Aguirre. Guión: J. Aguirre, L. Castro, L. Murillo. Fotografía: Ángel Luis Fernández. Intérpretes: Parchís, Rodrigo Valdecantos, Manuel Alexandre, Ricardo Merino. Don Atilio se ha adueñado del colegio Santo Tomás de Aquino y pretende subir los precios de las clases. El bueno de don Matías y el grupo de niños formado por Yolanda, Gemma, Tino, David, Frank, Carlitos el Flaco y el perro *Superman* no están de acuerdo y lucharán con todas sus energías para entorpecer los planes de don Atilio.

12.00 Domingo deporte.

18.30 La hora de Bill Cosby. Episodio número 18.

19.00 El precio justo (repetición en TVE-1 el sábado 10 de marzo). Presentación: Joaquín Prat. Programa concurso.

20.30 Kung-fu. *El asesino (The assassin).*

TEORÍA

El tiempo
Uhrzeit

10:00
Son las diez

22:00
Son las veintidós
Son las diez de la noche

11:00
Son las once

23:00
Son las veintitrés
Son las once de la noche

12:00
Son las doce

0:00
Son las doce
Son las doce de la noche
Es medianoche

1:00
Es la una

13:00
Son las trece
Es la una de la tarde

2:00
Son las dos

14:00
Son las catorce
Son las dos de la tarde

Son las siete y media

1. *¿Qué hora es?*

1. son las catorce .... (14:00)
2. .... (15:05)
3. .... (20:10)
4. .... (10:20)
5. .... (11:55)
6. .... (12:15)
7. .... (04:45)
8. .... (19:30)
9. .... (03:53)
10. .... (04:07)
11. .... (06:08)
12. .... (19:52)
13. .... (23:15)
14. .... (22:37)

2. Fragen zum Text:

1. ¿Dónde se encuentra Antonio de la Fuente?
2. ¿Qué hace ahí?
3. ¿Qué hace normalmente?, ¿en qué trabaja?
4. ¿A qué hora se levanta?
5. ¿Desayuna en un bar?
6. ¿Cómo llega a su oficina?
7. ¿Le gusta echar la siesta?
8. ¿Qué hace cuando sale del trabajo?
9. ¿Sale mucho con su mujer?
10. ¿ Tiene buenas relaciones con su suegro?
11. ¿ Tienen mucho dinero?
12. ¿ Le gusta la vida que lleva?

TEORÍA

menos

15:55 3:55
Son las cuatro menos cinco

13:40 1:40
Son las dos menos veinte

21:32 9:32
Son las diez menos veintiocho

19:45 7:45
Son las ocho menos cuarto.

y

19:30 7:30
Son las siete y media

15:30 3:30
Son las tres y media

16:15 4:15
Son las cuatro y cuarto

14:20 2:20
Son las dos y veinte

21:28 9:28
Son las nueve y veintiocho

20:15 8:15
Son las ocho y cuarto

Wenn die Uhrzeit näher bezeichnet wird:

las doce en punto	Punkt 12 Uhr
por la mañana	morgens
por la tarde	nachmittags
por la noche	nachts
a media mañana	am späten Vormittag
media hora antes	eine halbe Stunde vorher
un cuarto de hora después	eine Viertelstunde danach
dentro de dos minutos	in zwei Minuten
antes de las cinco	vor 5 Uhr

CORDOBA → MALAGA y regreso (Algeciras-Granada)

4336 Interurb. (A)	5385/4336 Interurb. (B)	4338 Interurb. (A)	11512 Rápido (A) (1)	Km.		ESTACIONES		Km.	5381 Interurb. (D)	4337 Interm. (C)	5387 Interurb. (B)	4339 Interurb.
7.05	–	13.25	16.04	–	S.	CORDOBA	Ll.	193	–	16.47	–	22.32
7.29	–			34		Fernán Núñez		159	–	16.24	–	22.11
7.43	–	13.58	16.33	50		Montilla		143	–	16.04	–	21.59
7.50	–	14.05	16.44	57		Aguilar Frontera		136	–	15.57	–	21.52
	–			73		Campo Real		120	–		–	
8.06	–	14.21	17.00	77		Puente Genil		116	–	15.40	–	21.35
8.16	–	14.32	17.10	90		Casariche		103	–	15.29	–	21.24
8.25	–	14.41	17.19	100		La Roda de Andalucía		93	–	15.21	–	21.16
8.33	–	14.50		112		Fuente de Piedra		81	–	15.10	–	21.05
8.42	–	14.59	17.36	124	Ll.	Bobadilla	S.	–	–	15.00	–	20.50
10.25	–	15.20	18.05		S.	Bobadilla	Ll.		–	–	–	–
11.45	–	16.37	19.22		Ll.	Ronda	Ll.		–	–	–	–
13.32	–	18.35	21.07		Ll.	ALGECIRAS	S.		–	–	–	–
–	–	–	–		S.	ALGECIRAS	Ll.		13.32	18.35	–	–
–	7.25	–	–		S.	Ronda	Ll.		11.45	16.37	20.47	–
–	8.35	–	–		Ll.	Bobadilla	S.		10.25	15.20	19.30	–
10.01	–	15.25	19.30		S.	Bobadilla	Ll.		–	–	–	–
12.00	–	17.48	21.30		Ll.	GRANADA	S.		–	–	–	–
–	–	–	–			GRANADA	Ll.		12.00	17.48	21.30	–
–	–	–	–			Bobadilla	S.		10.01	15.25	19.30	–
8.43	8.43	15.01	17.37	–	S.	Bobadilla	Ll.	69	9.56	14.56	19.20	20.48
9.19	9.19	15.37	18.06	156		Alora		37	9.20	14.24	18.50	20.16
9.53	9.53	16.18	18.35	193	Ll.	MALAGA	S.	–	8.40	13.55	18.10	19.35

(1) Se abona suplemento.
(A) Tren directo a Málaga. Trasbordo en Bobadilla para Granada y Algeciras.
(B) Transbordo en Bobadilla.
C) Tren directo a Córdoba. Trasborbo en Bobadilla para Sevilla, Granada y Algeciras.
(D) Enlaza en Bobadilla con trenes para Granada y Algeciras.

4. *Traducir* Übersetzen

1. Um neun Uhr abends stehe ich auf. **2.** Nachts arbeite ich. **3.** Um Punkt fünf Uhr nehme ich ein Taxi. **4.** Ich komme um halb sechs morgens zu Hause an. **5.** Rechtzeitig für das Abendessen. **6.** Am späten Vormittag dusche ich mich. **7.** Nachmittags sehe ich fern. **8.** Einen Moment. Da stimmt was nicht (wörtlich: Es gibt etwas, das nicht funktioniert).

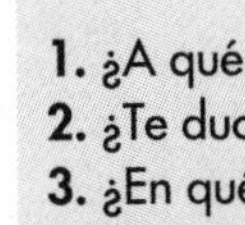

3. *Y ahora vosotros* Partnerinterview

1. ¿A qué hora te levantas?
2. ¿Te duchas por la mañana?
3. ¿En qué trabajas?
4. ¿Comes en casa a mediodía?
5. ¿Qué haces por la noche?
6. ¿Ves mucho la televisión?
7. ¿Te gusta el vídeo?
8. ¿Friegas en casa?
9. ¿Qué haces los domingos?
10. ¿Adónde vas de vacaciones? (Ferien)
11. ¿Estas contento con la vida que llevas?

El resto de la familia

	Schreiben Sie´s auf deutsch:
1. La madre de mi marido es mi suegra.	Schwiegermutter
2. El padre de mi mujer es mi suegro.	....
3. Los padres de mi mujer son mis suegros.	....
4. El hermano de mi mujer es mi cuñado.	....
5. La hermana de mi marido es mi cuñada.	....
6. El hijo de mi hijo es mi nieto.	....
7. La hija de mi hijo es mi nieta.	....
8. El hijo de mi hermano es mi sobrino.	....
9. La hija de mi hermano es mi sobrina.	....
10. El marido de mi hija es mi yerno	....
11. La mujer de mi hijo es mi nuera.	....
12. La hija de mi tío es mi prima.	....

5. *¿Quién es?*

1. El hijo del cuñado de mi madre es mi ....
2. El marido de mi nuera es mi ....
3. La mujer de mi cuñado es mi ....
4. La nieta del padre de mi madre es mi .... o soy ....
5. La prima de mi sobrino es mi ....
6. Los padres de mi sobrino son mis ....
7. Los padres de mi cuñado son mis ....

TEORÍA

Los adverbios
Die Adverbien

Wann, wo, wie etc. etwas ist oder passiert – das sagen die Adverbien.

1. **Nur** Adverbien sind:

hoy	heute
mañana	morgen
aquí	hier
bien	gut
siempre	immer
mucho	viel
despacio	langsam

2. Andere werden von Adjektiven abgeleitet. An die weibliche Form wird **-mente** angehängt:

rápido	→	**rápidamente**
democrático	→	**democráticamente**
caótico	→	**caóticamente**

3. Wenn die Adjektivendung weiblich = männlich ist, dann wird die Einheitsform genommen:

constante	→	constantemente
normal	→	normalmente
agradable	→	agradablemente

4. Zuweilen hilft nur ein ganzer Ausdruck:

por todas partes	überall
los domingos	sonntags
de todas maneras	auf alle Fälle

PRÁCTICA

6. *Contesta negativamente*
Antworte verneinend

In der normalen Satzstellung mit **no** vor dem Verb

1. ¿Hay mucha gente en la fiesta?

.................................No hoy nadie.........

2. No tengo dinero. (ich auch nicht)

....

3. ¿Queda algo para comer en el frigorífico?

....

4. ¿No hay un Hotel Europa por aquí?

....

5. ¿Quién ha venido?

....

6. No te quiero. (ich dich auch nicht)

....

7. Tienes tan mala cara, ¿qué te pasa?

....

8. ¿Hay una biblioteca en esta calle?

....

7. Unterstreichen Sie alle Adverbien aus dem Tema

TEORÍA

La negación
Verneinung

¿Estás contento con la vida que llevas?	Bist du zufrieden mit dem Leben, das du führst?
Hombre, no me puedo quejar. Tampoco la puedo cambiar.	Mann, ich kann mich nicht beklagen. Ich kann´s auch nicht ändern.

Achten Sie auf die zwei Möglichkeiten:

Tampoco la puedo cambiar.	No la puedo cambiar tampoco.
Nada he dicho..	No he dicho nada.
Nadie ha venido.	No ha venido nadie.
Ningún profesor viene los domingos.	No viene ningún profesor los domingos.

Die Verneinungspartikeln **nada**, **nadie**, **ningún** und **tampoco** stehen **vor dem Verb** am Satzanfang **ohne** «**no**». Stehen sie hinter dem Verb, so muß dieses vorher durch **no** verneint werden.

Manolo tampoco ha estado en Canada.	Manolo ist auch noch nicht in Kanada gewesen.
Yo tampoco voy.	Ich gehe/fahre auch nicht hin.

Hat der Satz ein Subjekt (Name, Personalpronomen ...), dann steht **tampoco** nach diesem.

8. *Contesta negativamente*
Antworte verneinend

Mit Verneinungspartikel vor dem Verb und ohne **no**

1. No voy a al cine. (tampoco)

Yo tampoco voy.

2. ¿Quién ha visto la película? (nadie)

....

3. ¿Te gustan los políticos? (ninguno)

....

4. ¿Has comido ya? (nada)

....

5. Manolo no tiene dinero. (tampoco)

....

6. ¿Cuántos colegas han estado en la fiesta? (ninguno)

....

7. Quién te quiere? (nadie, *sniff*)

....

9. *¡Invéntate una historia con las siguientes expresiones!*
Erfinde eine Geschichte mit den folgenden Ausdrücken:

1. No tener ganas de trabajar, ir al médico, hacer una radiografía, dar de baja, ir al cine, encontrarse al jefe

2. Veterinario, no volver a casa, la mujer nerviosa, llamar a la policía

TEORÍA

Más infinitivos
Mehr Infinitive

Voy a comprar carne.	Ich gehe Fleisch kaufen.
La semana que viene no voy a trabajar.	Nächste Woche werde ich nicht arbeiten.

ir + a + Infinitiv
ist in die Zukunft gerichtet, oder bedeutet, daß etwas gleich geschieht.

Acabamos de comprar un vídeo.	Wir haben (gerade) ein Video gekauft.
Acabo de ducharme.	Ich habe mich (gerade) geduscht.
Gracias, no quiero café. Acabo de desayunar.	... Ich habe gerade gefrühstückt.

acabar + de + Infinitiv
drückt aus, daß etwas gerade passiert ist.

10. Wie würden Sie ausdrücken, was Sie gerade getan haben oder gleich tun werden?

1. morgen ein bißchen Sport treiben

....

2. Herrn Gutierrez gesehen haben

....

3. gleich eine Zigarette rauchen

Voy a fumar un cigarrillo.

4. gerade ein Bier getrunken haben

....

5. gleich den Tisch decken

....

6. gerade aufgestanden sein

....

7. Julia gerade gesehen haben

....

8. gleich die Suppe bringen

....

9. gerade gehört haben, daß der Präsident gestorben ist.

....

10. Juan gleich anrufen

....

11. Pedro gerade angerufen haben

....

12. gleich in der Küche (nach)schauen

....

TEORÍA

Los verbos
Die Verben

e → ie

Sentarse sich setzen	**Despertarse** aufwachen	**Fregar** spülen
me s**ie**nto	me desp**ie**rto	fr**ie**go
te s**ie**ntas	te desp**ie**rtas	fr**ie**gas
se s**ie**nta	se desp**ie**rta	fr**ie**ga
nos sentamos	nos despertamos	fregamos
os sentáis	os despertáis	fregáis
se s**ie**ntan	se desp**ie**rtan	fr**ie**gan
Participio pasado: **sentado**	Participio pasado: **despertado** (wach & aufgeweckt)	Participio pasado: **fregado**

e → i

Conseguir erreichen

cons**i**go
cons**i**gues
cons**i**gue
conseguimos
conseguís
cons**i**guen

Participio pasado: **conseguido**

¡Ojo!

Entro a las ocho. Ich fange um 8 Uhr an zu arbeiten.
Llegar a tiempo rechtzeitig ankommen
Con lo cara que está la gasolina bei dem teuren Benzin
Echar la siesta ein Mittagsschläfchen halten
Suelo tomar una cerveza ich pflege ein Bier zu trinken
Un franquista de toda la vida ein 100%iger Franquist
¿Estás contento con la vida que llevas? bist du zufrieden mit dem Leben, das du führst?

11. *Llamas a Carmen. Su madre dice que ...*
Du rufst bei Carmen an. Ihre Mutter sagt, daß ...

1. ...Carmen gerade aus dem Haus gegangen ist.

Carmen acaba de salir.

2. ...sie gerade aufgewacht ist. Jetzt duscht sie sich.

....

3. ...sie gerade zur Arbeit gegangen ist. Sie fängt um 9 Uhr 30 dort an.

....

4. ...sie jetzt gleich (ahora mismo) kommen wird.

....

5. ...sie dich anrufen wird.

....

12. *Un día normal en mi vida*

Beschreiben Sie einen ganz normalen Tag in Ihrem Leben. Nehmen Sie ein Wörterbuch zu Hilfe. Versuchen Sie an alles zu denken, was sich immer wiederholt.

LECTURA

ISABEL NO SE PUEDE QUEJAR

La vida no es nada complicada. Por la mañana Isabel de la Cancha Real se levanta a las siete y media con su marido para tomar una tacita[1] de café. A las ocho menos cuarto José Joaquín se va a su fábrica[2] Es industrial[3]. Y ella, como tiene tan mala cara, vuelve nuevamente a la cama.

A las once la despierta la chica con un café. A las once y media llama por teléfono al marido: «Tesoro, ¿qué quieres comer a medio día?» Después manda a la chica al mercado y le dice la comida que tiene que preparar. Ahora le toca[4] una ducha larga[5] y relajante. Cuando termina de ducharse tiene un problema muy gordo: «¿Qué ropa me pongo?» Llama a una amiga para pedirle consejo: «¿Me pongo el vestido azul o el rojo?»

Es hora de salir[6] de compras. A ver si encuentra algo para una amiga, un after shave para José Joaquín o una crema de belleza. A la una y media vuelve a casa. Le ayuda a la chica a poner la mesa. La chica ya ha preparado la comida y lo único que le falta es el marido. Mientras toma una copa de champán: «El médico me ha dicho que es muy bueno para la tensión.» A las dos y media llega José Joaquín y ya pueden comer.

El marido se va otra vez y claro, Isabel no puede fregar: «Eso es malo para las manos y las uñas pintadas y además para eso[7] le pagamos a la chica ...»

Ahora viene la cosa más agradable del día: su siesta. Es importantísima. La echa de tres y media a cinco y media. Cuando se despierta está muy cansada y entonces normalmente va a un centro de belleza para hacer algo de ejercicio. Y después queda con una amiga para tomar un té con pasteles. Isabel está un poco gorda, pero afortunadamente va a hacer ejercicio[8] ...

En casa se tiene que duchar otra vez y ponerse más elegante. La chica se ha ido a las seis y como no le gusta la comida recalentada[9] sale con el marido a algún restaurante. Le encanta comer fuera[10] y mirar a la gente. Cuando han acabado de comer se encuentran con unos amigos en un pub[11] para tomar una copa. Y así termina el día.

De verdad, Isabel no se puede quejar.

1 **la tacita** Täßchen
2 **se va a su fábrica** er geht weg (los) in seine Fabrik
3 **el industrial** der Industrielle
4 **le toca** sie ist dran mit
5 **una ducha larga** eine lange Dusche
6 **es hora de salir** es ist Zeit, aus dem Haus zu gehen
7 **para eso** dafür
8 **como va a hacer ejercicio** da sie Gymnastik treibt
9 **recalentado/a** aufgewärmt
10 **comer fuera** außer Haus essen
11 **el pub** Edelkneipe

TEST 3

1. *Comprensión auditiva*

Sie hören zwölf Sätze. Tragen Sie die fehlenden Wörter ein. Hören Sie die Sätze, wenn Sie nicht schnell genug mitkommen, noch einmal.

1. José García Martín es .... un centro de salud.

2. Por la mañana trabaja de .... a .... y por .... de las cinco hasta las ocho.

3. De su casa al .... donde trabaja, tiene .... hora de camino.

4. Para llegar .... tiene que levantarse antes de las siete.

5. Hoy ha .... Isabel Real.

6. No puede .... bien porque tiene ....

7. Es una persona nerviosa y por eso ....

8. El .... no le va bien.

9. Pero fuma dos .... al día.

10. El doctor García Martín le dice: «Si .... quiere mejorar, tiene que .... los cigarrillos.»

11. Pero si Isabel deja de fumar, tiene que ....

12. Y las pastillas para .... no le gustan.

2. *Comprensión auditiva*

Was sagt Luis, was sagt er nicht? Kreuzen Sie **correcto**/richtig oder **falso**/falsch an.

	correcto	**falso**
1. Luis se ha levantado a las siete.	☐	☐
2. Ha desayunado en casa.	☐	☐
3. Ha ido al trabajo en coche.	☐	☐
4. El trabajo empieza alas diez en punto.	☐	☐
5. Ha salido a tomar una cerveza con un compañero.	☐	☐
6. Ha trabajado hasta la una.	☐	☐
7. Ha comido con el jefe.	☐	☐
8. Ha vuelto a casa en metro.	☐	☐
9. Ha visto una película americana.	☐	☐
10. A media noche ha ido a la cama.	☐	☐

3. *Gramática*

Welches ist das einzig passende Wort? Machen Sie ein Kreuzchen:

1. Has ... la carta a María ya?

- a escribido
- b escrito
- c dicho

2. Uyyy, me ... por las escaleras.

- a caído
- b caio
- c caigo

3. Enrique no me ha ... nada.

- a abierto
- b dicho
- c dice

4. Acabo ... ver una cosa interesante.

- a que
- b a
- c de

5. Bueno, voy ... tomar un vino.

- a a
- b que
- c he

6. Nosotros ... duchamos cada mañana.

- a se
- b nos
- c no

7. Cómo ... llamáis?

- a vosotros
- b se
- c os

8. He dormido ... el día.

- a toda
- b todo
- c cada

9. Luis va al trabajo ... día.

- a toda
- b todo
- c cada

10. A Don Juan le gustan ... las mujeres.

- a cada
- b todas
- c todos

11. Señor, ¡ ... en el bar!

- a espéreme
- b espérame
- c espera

12. La hija de mi hermana es mi ... .

- a prima
- b mujer
- c sobrina

13. ... nos quedamos en casa.

- a domingo
- b los domingos
- c a los domingos

14. En este restaurante se come ... .

- a estupendo
- b estupendamente
- c estupendomente

15. No me gusta mi vida. Pero ... la puedo cambiar.

- a no también
- b tampoco no
- c tampoco

16. La madre de mi marido es mi ... .

- a cuñado
- b suegra
- c tía

4. Kreuzen Sie die einzig passende Antwort an:

1. ¿Cómo estamos, señora?

- a Bien gracias.
- b Estoy moreno.
- c Estamos de viaje.

2. ¿Qué es lo que le duele?

- a No tengo dolres de cabeza.
- b Me duele todo el cuerpo.
- c Fumo tres paquetes al día.

3. ¿Doctor, me puede dar de baja?

- a Tiene fiebre.
- b Usted no está enfermo.
- c Vamos a hacer una radiografía.

4. ¿Has estado en el gimnasio nuevo ya?

- a Hago ejercicios.
- b Sí, me gusta comer.
- c Todavía no he estado.

5. ¿Qué clase de sitio es?

- a Es el paraíso.
- b No está en el centro.
- c Usted no está enfermo.

6. ¿Por qué no dejas de comer tanto?

- a No me gustan los pasteles.
- b No puedo, me gustan los pasteles.
- c Es una maravilla.

7. ¿Has traído mi libro de ejecicios?

- a No está en el coche.
- b Lo tengo en el coche.
- c No lo he comprado.

8. ¿A qué te refieres?

- a A mí no me importa.
- b A todo eso.
- c De mí.

9. ¿Te duchas por la mañana?

- [a] Si no me quedo en la cama ...
- [b] No me ducho por la noche.
- [c] Hay agua.

10. ¿Cómo vas al trabajo?

- [a] No tengo más remedio.
- [b] No voy en metro.
- [c] Vas en metro.

11. ¿Qué hace tu mujer?

- [a] Lo sé.
- [b] Se ha ido con otro hombre.
- [c] No tiene un solario.

12. ¿Salís mucho por la noche?

- [a] No vemos televisión.
- [b] Trabajo por la mañana.
- [c] No alcanza el pre supuesto para eso.

13. ¿Tenéis hijos?

- [a] Nos vamos a casar.
- [b] Dos.
- [c] Mi padre tiene dos hijos.

14. ¿Vuelves a casa cada noche?

- [a] Normalmente sí.
- [b] Por la mañana sí.
- [c] No vuelvo en metro.

15. ¿Estas contento con la vida que llevas?

- [a] Tampoco tengo dinero.
- [b] Vivo todos los días.
- [c] No me puedo quejar.

Test 3 – Gesamtpunktzahl aller richtigen Antworten:

CONVIVENCIA

Entre amigas

Pili, tengo que hablar contigo.

¿Qué pasa?

Hay algo que me molesta y te lo tengo que decir.

¿Qué te parece si vamos a tomar algo y así hablamos tranquilamente?

Bueno, de acuerdo, vamos ...

Poner las cartas sobre la mesa

A ver, Sonia, ¿qué es lo que te molesta?

No sé cómo decírtelo. Antes me llamabas, salíamos juntas, me contabas tus cosas. En fin, teníamos más relación.

Bueno, claro ....

Y ahora, cuando te llamo, o no te encuentras bien, o no tienes tiempo, o estás esperando a alguien. ¿Estás enfadada conmigo?

¡Qué va! Es que desde que he empezado a trabajar en este sitio estoy mucho más atareada.

Sí Pili, pero los fines de semana no trabajas.

Bueno, pero estoy cansada y prefiero quedarme en casa leyendo, escribiendo cartas o simplemente viendo la tele.

Lo entiendo, pero tengo la impresión de que sólo me llamas cuando necesitas algo.

¿Qué estás diciendo? Eso no es verdad.

Muchas veces llamo y tú no estás en casa ...

En el piso compartido

Jesús, se han quejado los vecinos. Dicen que hay juerga toda la noche. Han hablado con el dueño y esta mañana ha venido. Como no había nadie, me ha tocado a mí.

¿Y qué ha dicho?

Que hay mucho ruido en la escalera, que hay mucha gente subiendo y bajando, que está la música muy alta ...

¡Por favor, Enrique! ¿Es que uno no tiene derecho a recibir a sus amigos?

Pero si están aquí siempre. Se lo beben todo y

hasta ahora no han traído ni una lata de cerveza.
Por lo menos friegan los vasos y tú no haces nada. Mira cómo está el cuarto de baño. Parece que no se limpia aquí.
Yo ahora no puedo. Estoy de exámenes. Y además pasa otra cosa: aquí hay tanto ruido siempre que no se puede hacer nada. Por la noche, tú vienes con todos tus amigos y te importa un bledo si me molesta o no. Si seguís dando la lata así, no sé que voy a hacer. Aquí ni se estudia ni se duerme.
¿Y tú, por qué no puedes estudiar durante el día?
Eso es asunto mío. Bueno, el dueño dice que si esto no cambia, nos echa del piso.
¿Por qué no le has dicho que en lugar de escuchar a los vecinos tiene que arreglar el calentador?
Sí, se lo he dicho, pero ...

En pareja

Antes estabas más cariñoso conmigo. Salíamos más, me llevabas a cenar, me besabas más. ¿Enrique, ya no me quieres?

¡Qué estás diciendo, Maite!

Hombre, te veo cambiado, raro.

Es que tengo un problema, pero no es nada grave.

A ver, ¿dónde te duele?

No te lo voy a contar, ¿para qué?

Yo no quiero seguir así contigo, no me encuentro bien.

¡Espera dos semanas ...!

No, ahora me lo tienes que contar. Si sigues encerrándote así ...

Déjame en paz, por favor.

En familia

¡Baja la tele, Concha!, que no se puede ni hablar.

Espera que está terminando el episodio. Ya falta poco.

¡Bájala, por favor!

Jolines, aquí sólo se ve la tele cuando hay fútbol. Entonces nos tenemos que callar todos. Y una vez que me gusta algo, no me dejas verlo.

¡Aquí mando yo!

¿Por qué vienes tan tarde? Es la una ya y tu madre lleva dos horas esperándote.

¿Por qué me esperáis? Yo tengo llave. ¿Es que no tengo derecho a salir?

Claro que sí, pero te lo he dicho mil veces: tienes que estar aquí antes de las doce. Y tú nunca haces caso.

Pero papá, que tengo ya dieciséis años.

Me da igual. Aquí mando yo y no se discute. Y si yo digo que tienes que volver a una hora ...

Entonces no puedo salir. Tú sabes perfectamente que antes de las diez y media no hay nadie. Y para estar media hora con los compañeros no merece la pena salir. Cuando tú eras joven, seguro que te pasaba esto también.

¡APRENDE!

Convivencia

Zusammenleben

Entre amigas

Unter Freundinnen

contigo
mit dir
molestar
stören
te lo tengo que decir
ich muß es dir sagen
tranquilamente
ruhig

Poner las cartas sobre la mesa

Die Karten auf den Tisch legen

sobre
auf
antes me llamabas
früher riefst du mich (öfters) an
salíamos
wir gingen aus
teníamos
wir hatten
tener relación
miteinander zu tun haben
tener tiempo
Zeit haben
estar esperando a alguien
auf jemanden warten
estar enfadado con
verärgert sein über ...
¡qué va!
überhaupt nicht
en este sitio
an diesem Ort, an dieser Stelle
atareado/a
(mit Arbeit) beschäftigt
los fines de semana
an den Wochenenden
cansado/a
müde
preferir
vorziehen, lieber tun
leyendo (leer)
lesend
escribiendo (escribir)
schreibend
la carta
der Brief
simplemente
einfach
viendo (ver)
sehend
la tele
das Fernsehen
la impresión
der Eindruck
diciendo (decir)
sagend
¿qué estás diciendo?
was sagst du da?
es verdad
es ist wahr
muchas veces
oft

En el piso compartido

In der Wohngemeinschaft

el piso
die Wohnung
compartido
geteilt
los vecinos
die Nachbarn
la juerga
Rambazamba
toda la noche
die ganze Nacht
el dueño
der (Haus)besitzer
esta mañana
heute morgen
nadie
niemand
me ha tocado a mí
ich bin dran gewesen
el ruido
der Lärm

subiendo (subir)
hochgehend
bajando (bajar)
runtergehend
la música
die Musik
alto/a
hoch, laut
tener derecho
ein Recht haben
recibir
empfangen, erhalten
pero si están aquí siempre
die sind doch immer hier
se lo beben todo
die trinken alles auf
una lata
eine Dose
el cuarto de baño
das Badezimmer
se limpia
wird saubergemacht
estoy de exámenes
ich habe gerade Prüfungen
te importa un bledo ‹ ›
das ist dir schnuppe
dar la lata ‹ ›
nerven
ni se estudia ni se duerme
es wird nicht gelernt und nicht geschlafen
durante el día
den Tag über
un asunto mío
meine Angelegenheit
echar del piso
aus der Wohnung werfen, kündigen
en lugar de
anstelle von
escuchar
zuhören
arreglar
in Ordnung bringen
el calentador
der Warmwasserboiler
se lo he dicho
ich hab es ihm gesagt

En pareja
Mit dem Partner

estabas
du warst
más cariñoso/a
liebevoller
ya no
nicht mehr
quieres
du willst
te veo cambiado
ich finde (sehe) dich verändert
raro/a
seltsam
un problema
ein Problem
seguir
weitermachen
encerrarse
sich einigeln

En familia
In der Familie

¡baja la tele!
mach den Fernseher leiser!
que no se puede ni hablar
man kann sich ja nicht einmal unterhalten
está terminando
geht zu Ende
el episodio
die Folge (der Serie)
ya falta poco
nur noch ein bißchen, ist gleich fertig
¡bájala!
mach leiser
¡jolines! ‹!›
verdammt!
se ve la tele
es wird ferngesehen
el fútbol
Fußball
callarse
schweigen

nos tenemos que callar todos
wir müssen alle still sein

¡Aqui mando yo!
Hier bestimme ich

tan
so
es la una ya
es ist schon ein Uhr
tu madre lleva dos horas esperándote
deine Mutter wartet schon seit zwei Stunden auf dich
la llave
der Schlüssel
antes de las doce
vor zwölf (Uhr)
y tú nunca haces caso
und du hörst/gehorchst nie
me da igual
ist mir egal
aquí mando yo
hier bestimme ich
discutir
diskutieren
una hora
eine Stunde
tú sabes perfectamente
du weißt genau
no merece la pena
das lohnt die Mühe nicht
joven (Plural: **jóvenes**)
jung
seguro
sicher

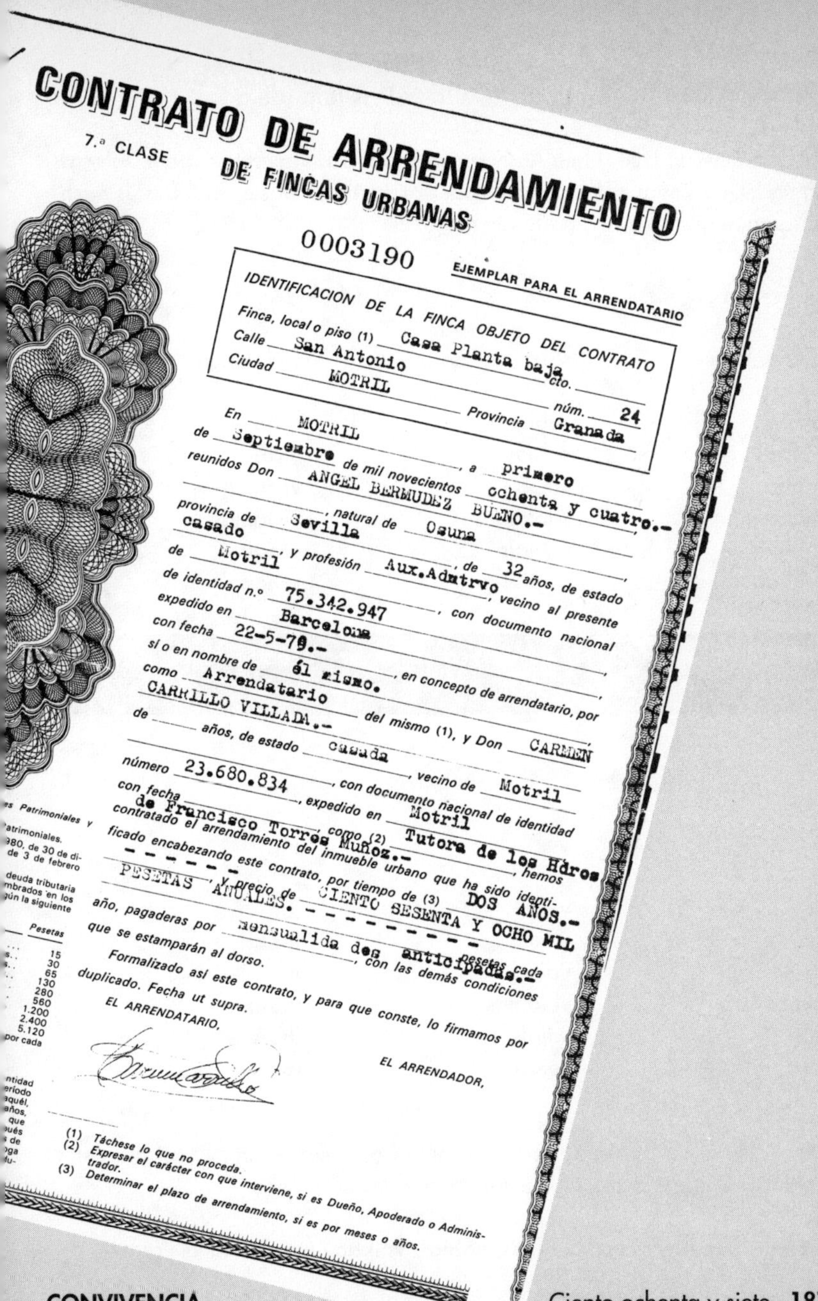

CONTRATO DE ARRENDAMIENTO

DE FINCAS URBANAS

7.ª CLASE

0003190

EJEMPLAR PARA EL ARRENDATARIO

IDENTIFICACION DE LA FINCA OBJETO DEL CONTRATO

Finca, local o piso (1) Casa Planta baja

Calle San Antonio núm. 24 cto. ___

Ciudad MOTRIL Provincia Granada

En MOTRIL, a primero de Septiembre de mil novecientos ochenta y cuatro.-, reunidos Don ANGEL BERMUDEZ BUENO.-, natural de Osuna provincia de Sevilla, de 32 años, de estado casado, y profesión Aux.Admtrvo, vecino al presente de Motril, con documento nacional de identidad n.º 75.342.947, expedido en Barcelona con fecha 22-5-79.-, en concepto de arrendatario, por sí o en nombre de él mismo. como Arrendatario del mismo (1), y Don CARMEN CARRILLO VILLADA.- de ___ años, de estado casada, vecino de Motril, con documento nacional de identidad número 23.680.834, con fecha ___, expedido en Motril, como (2) Tutora de los Hdros de Francisco Torres Muñoz.- - - - - - -, hemos contratado el arrendamiento del inmueble urbano que ha sido identificado encabezando este contrato, por tiempo de (3) DOS AÑOS.- - - - - - -, y precio de CIENTO SESENTA Y OCHO MIL PESETAS ANUALES. - - - - - - - - - pesetas cada año, pagaderas por mensualidades anticipadas.-, con las demás condiciones que se estamparán al dorso.

Formalizado así este contrato, y para que conste, lo firmamos por duplicado. Fecha ut supra.

EL ARRENDATARIO,

EL ARRENDADOR,

(1) Táchese lo que no proceda.
(2) Expresar el carácter con que interviene, si es Dueño, Apoderado o Administrador.
(3) Determinar el plazo de arrendamiento, si es por meses o años.

TEORÍA

Pretérito imperfecto
Das Imperfekt

Endlich mal was Neues ohne Ausnahmen – fast. Das Pretértito imperfecto wird verwendet, um etwas zu beschreiben oder zu erzählen, was einmal war. Je nach Verbgruppe gibt es zwei Endungstypen:

Verben auf **-ar**	auf **-er** /**-ir**	
tom**ar** nehmen	sab**er** wissen	viv**ir** leben
tom**aba**	sab**ía**	viv**ía**
tom**abas**	sab**ías**	viv**ías**
tom**aba**	sab**ía**	viv**ía**
tom**ábamo**s	sab**íamos**	viv**íamos**
tom**abais**	sab**íais**	viv**íais**
tom**aban**	sab**ían**	viv**ían**

Im **Pretérito imperfecto** haben alle Verben auf **-ar** die **-aba**-Endung, die Verben auf **-er**/**-ir** haben die **-ía**-Endung

Ausnahmen:		
ser	**ver**	**ir**
era	**veía**	**iba**
eras	**veías**	**ibas**
era	**veía**	**iba**
eramos	**veíamos**	**ibamos**
erais	**veíais**	**ibais**
eran	**veían**	**iban**

Die 1. Plural im Pretérito imperfecto hat also immer einen Akzent auf der «antepenúltima», der vorvorletzten, d. h. drittletzten Silbe

Pretérito imperfecto von haber ist **había-**. Von hay also **había**,«es gab».

PRÁCTICA

1. Resümee einer gescheiterten Liebe
(was jetzt kommt, ist eher verzweifelt)

1. Ahora ya no me quieres.
Antes ....me querías.........

2. Ahora ya no hablamos.
Antes ....

3. Ahora ya no salimos juntos.
Antes ....

4. Ahora ya no me entiendes.
Antes ....

5. Ahora ya no me miras.
Antes ....

6. Ahora ya no me compras joyas (Schmuck).
Antes ....

7. Ahora ya no te gusto.
Antes ....

8. Ahora ya no me llevas a comer por ahí.
Antes ....

9. Ahora ya no me mandas cartas de amor.
Antes ....

10. Ahora ya no me sirves el desayuno los domingos.
Antes ....

11. Ahora ya no aguantas mis caprichos.
Antes ....

12. Ahora ya no friegas los platos.
Antes ....

13. Ahora ya no hacemos el amor.
Antes ....

14. Ahora ya no quiero vivir contigo.
Antes ....

15. Ahora ya no quiero vivir.
Antes .... (*Schluchz!*)

2. *¿Cuál es la forma del pretérito imperfecto?* Wie lautet die Form im Imperfekt?

1. hablo ....
2. puedes ....
3. queremos ....
4. siento ....
5. tenéis ....
6. vamos ....
7. me llamas ....
8. compran ....
9. vendo ....
10. te sientas ....
11. salgo.................
12. traducís..............
13. encontramos ......
14. vuelve ....
15. veo ....
16. somos ....
17. sabes ....
18. doy ....

TEORÍA

¿Cuándo se usa el pretérito imperfecto?
Wann wird das Imperfekt gebraucht?

1. Era un día estupendo, entonces vivíamos en Santiago ....
Es war ein herrlicher Tag, wir lebten damals in Santiago ...

Beim Beschreiben, wie's war, was war (nicht was passierte), also anhaltenden Handlungen, Zuständen.

2. Los sábados íbamos a la discoteca y tomábamos copitas ...
Samstags gingen wir in die Diskothek, tranken was ...

Handlungen, die sich wiederholen.

3. Yo estaba en el cine mientras ella tomaba café con aquel hombre.
Ich war im Kino, während sie mit jenem Mann Kaffee trank.

Gleichzeitig verlaufende Handlungen stehen im Pretérito imperfecto.

¡!

Pronomen-Salat

Te lo tengo que decir.	Ich muß es dir sagen.
No sé cómo **decirtelo**.	Ich weiß nicht, wie ich´s dir sagen soll.
Me lo tienes que contar.	Du mußt mir das erzählen.
No voy a **contartelo**.	Ich werd dir das nicht erzählen.

Pronomen stehen vor dem konjugierten Verb oder angehängt an den Infinitiv. Zuerst steht Dativ (Person), dann Akkusativ (Sache).

PRÁCTICA

3. *¿Cómo era antes?*
Wie war das früher?

Setze die Sätze ins Imperfekt:

1. La gente está en la calle.

.......La gente estaba en la calle.......

2. No se ve tanto la televisión.

....

3. Se vive tranquilamente.

....

4. Se trabaja, pero la gente no tiene dinero.

....

5. Hay hambre y hay alegría.

....

6. Muchos no van a la escuela y no tienen mucha cultura.

....

7. Los hijos les tienen respeto a sus padres.

....

4. Schreiben Sie alle Imperfekt-Formen aus dem Dialog raus.

5. *Aquí faltan los pronombres.*
Hier fehlen die Pronomen.

1. *¿Cuándo me devuelves el dinero?* – Ahora ....te lo.......... devuelvo.

2. Juan tiene un libro para ti. Mañana .... da.

3. Tienes un coche nuevo. ¿Por qué no .... has dicho antes.

4. Carmen quiere comprar mi casa en Mallorca. Pero yo no ....vendo.

5. *¿Tienen ustedes el número de teléfono de Oscar Pérez?* – No, ahora no, pero .... puedo mirar. (sie Ihnen nachschauen)

6. *Entonces, ¿qué ha pasado con Emilio?* – Hombre, ya .... he contado dos veces.

7. ¿Necesitas el coche? Bueno, ... dejo hasta mañana, ¿vale?

8. Este vino me parece bueno. .... llevo, ¿cuánto vale?

9. Esta botella me parece buena .... llevo, ¿cuánto vale?

10. *¿Por qué no me cuentas lo que ha pasada con Amalia?* – Ahora no tengo tiempo, mañana .... cuento.

TEORÍA

Cóctel de pronombres

Achtung! Jetzt kommt eine Subtilität der spanischen Sprache, ein Stolperstein, der manchem zu Unrecht Angst einflößt:

Se lo digo	ich sage es ihm/ihr
¿La carta para Luis?	Den Brief für Luis?
Se la he dado ya.	Ich habe ihn ihm schon gegeben.

In der 3. Person werden **le** und **les** dann zu **se**, wenn sie bei einem Akkusativpronomen stehen:

me lo	
te lo	
se lo	(statt **le**)
nos lo	
os lo	
se lo	(statt **les**)

Se heißt also in diesem Zusammenhang: ihm / ihr / Ihnen / ihnen / Ihnen)

Unpersönliche Reflexiv-Pronomen

No se estudia	es wird nicht studiert, man studiert nicht
Se discute	es wird diskutiert, man diskutiert
Se fuma	es wird geraucht, man raucht

Passiv und unpersönliche Wendungen (man, die Leute) werden im Spanischen oft in der 3. Person Einzahl reflexiv ausgedrückt. Steht das Hauptwort in der Mehrzahl, so gilt das auch für das Verb.

6. *La posición de pronombres*
Pronomenstellung

An welcher Stelle können die Pronomen auch stehen?

1. Te quiero decir una cosa.

Quiero decirte una cosa.

2. Acaban de llamarme mis suegros.

3. Os voy a mandar el libro mañana.

4. Lo estoy buscando pero no lo encuentro.

5. Te lo quiero dar, pero no sé donde está.

6. Lo siento señor, no se lo puedo permitir.

7. Señora Escribano, ¿no le podemos llamar por la tarde?

8. Pedro ha dicho que nos vuelve a llamar a las ocho.

7. Drücken Sie sich kurz und bündig aus:

1. ¿ Qué hace la gente en Ibiza? (ligar mucho, dormir poco)

Se liga mucho y se duerme poco.

2. ¿ Qué se hace en un supermercado? (comprar cosas malas, pagar mucho dinero)

...

3. ¿ Qué se hace en un bar? (tomar vino malo, hablar mucho)

...

4. ¿ Qué se hace los domingos cuando no se trabaja? (dormir mucho, comer bien)

...

5. ¿ Qué se hace por la noche? (ver televisión y luego ir a la cama)

...

6. ¿ Qué se hace cuando se llega a París? (buscar un hotel, desayunar un café con leche y croissants)

...

TEORÍA

El gerundio
Das Gerundium

Die Formen **esperando**, **vendiendo** und **escribiendo** nennt man Partizip 1 oder Mittelwort der Gegenwart.

Estoy esperando. Ich warte (im Moment) auf dich. **Estamos escribiendo una carta.** Wir schreiben (gerade) einen Brief.

Gerundium = estar + participio 1

Verlaufsform heißt das auf deutsch, es zeigt auf, daß gerade, im Moment, etwas geschieht: **¿Qué estas diciendo?** Was sagst du da (gerade)?

Adverbien werden ersetzt:

Gerade: estar + gerundio

Luis está preparando la comida. Luis bereitet **gerade** das Essen vor.

Gerne: gustar + infinitivo

¿Le gusta esquiar? Laufen Sie **gerne** Ski?

Lieber: preferir + infinitivo

Prefiero tomar una cerveza. Ich trinke **lieber** ein Bier.

Gleich, in Kürze: ir + a + infinitivo

Voy a llamarte. Ich rufe dich **gleich** an.

Gerade / vor kurzem: acabar + de + infinitivo

Acabo de recibir una carta. Ich habe **gerade** einen Brief bekommen.

8. *¿Qué está haciendo Paco ahora mismo?* Gebrauchen Sie das Gerundium:

1. Hablar con su novia .... Paco está hablando con su novia.
2. Discutir un problema importante ....
3. Pasar un momento agradable ....
4. Leer un libro interesante ....
5. Escuchar la radio ....
6. Comer un bocadillo ....
7. Fumar un cigarrillo ....
8. Dormir tranquilamente ....
9. Preparar un exámen ....
10. Escribir una carta ....
11. Cerrar el libro ....
12. Ver la tele ....

9. *Problemas, problemas, problemas , problemas...* Fragen zum Text:

en el piso compartido

1. ¿Qué problemas tienen los amigos del piso compartido con el dueño?
2. ¿Qué problema tiene Jesús con Enrique y sus amigos?
3. ¿Cómo son los amigos de Enrique.

en pareja

1. ¿Qué problema tiene Maite con su novio?
2. ¿Qué dice Angel?

en familia

1. ¿De qué se queja Concha?
2. ¿Cómo es su padre?

aquí mando yo

1. ¿Qué problema tienen el padre y el hijo?
2. ¿Cómo el hijo ve su vida, por qué no quiere volver más temprano (früher) a casa?

TEORÍA

Weiter / immer noch: seguir + gerundio	**¿Qué haces?** Sigo vendiendo aspiradoras. Was machst du? Ich verkaufe **weiter** (**immer noch**) Staubsauger.
Normalerweise /etwas zu tun pflegen: soler + infinitivo	**Solemos tomar té a las cinco. Normalerweise** trinken wir um 5 Uhr Tee.
Leider: sentir + infinitivo	**Siento no poder venir. Leider** kann ich nicht kommen.
Nochmals: volver + a + infinitivo	**Vuelvo a repetir.** Ich wiederhole **nochmals**.
Schon: llevar + gerundio	**Lleva trabajando** tres años aquí. Er arbeitet **schon** seit drei Jahren hier.

¡!

¡Ojo!

¿Qué te parece si ... ?	Was hältst du davon, wenn ...
Te veo cambiado.	Du kommst mir verändert vor.
Me quedo en casa leyendo.	Ich bleib zu Hause und lese.
Que no se puede ni hablar.	Hier kann man ja gar nicht sprechen.
Me ha tocado a mí.	Es hat mich getroffen.
Me da igual.	Das ist mir egal.
Parece que no se limpia aquí.	Es sieht so aus, als ob man hier nicht saubermachen würde.
Estoy de exámenes.	Ich stehe in Prüfungen.

10. Schreiben Sie Dialoge:

1. Vater und Sohn. Vater klagt, daß der Sohn nur noch weg ist, kaum noch zum Essen kommt und die Familie als billiges Hotelzimmer betrachtet, Sohn will nicht auf Freunde verzichten, Fernsehen interessiert ihn nicht etc.

2. Mann und Frau. Sie liebt ihn nicht mehr, findet ihn nicht mehr zärtlich wie früher etc. Sie liebt jetzt einen anderen. Er will nicht mehr leben, will sich umbringen (suicidarse).

11. *Un par de preguntas para discutir:*

1. Cuando dos personas tienen un problema, ¿cuál es un buen sitio para hablar?

2. ¿Es siempre bueno decir la verdad?

3. Si un amigo te dice siempre: « ... no tengo tiempo, tengo tanto trabajo, no puedo salir ... », ¿cómo reaccionas? (reagieren)

4. ¿Cuáles son los problemas en un piso compartido?

5. ¿Cuáles son los problemas en una familia?

6. ¿Qué es más fácil, vivir en pareja o en familia?

12. *Traducción* Übersetzung

1. Was macht ihr? Wir arbeiten immer noch das gleiche. **2.** Ich trinke gerne einen Whisky. Willst du auch einen? **3.** Nein danke, ich trinke lieber Kaffee. **4.** Normalerweise raucht sie 70 Zigaretten am Tag (al día). **5.** Jeden Tag sage ich ihr wieder, daß das schlecht ist. **6.** Ich habe gerade einen großartigen Film gesehen. **7.** Leider kann ich das nicht verstehen. **8.** Ich habe gerade mit einem Freund gesprochen. **9.** Ich habe jetzt (ahora mismo) keine Zeit. Ich rufe dich gleich an.

LECTURA

¡QUÉ DIFÍCIL ES LA VIDA!

¡Qué difícil es la vida en el piso compartido! Por lo menos para Antonia, Javi, Merche y Rafa. La casa está fatal[1]. No se limpia, no se friega, no se compra comida y cuando uno trae una botella de vino, se toma en seguida. Rafa y Merche son novios. Pero las cosas entre ellos[2] no van muy bien: «Merche, parece que te has cansado de mí. Siempre pasábamos los domingos estupendamente. Ibamos de viaje, a comer por ahí[3], a ver alguna película ..»

Es verdad. Hace cuatro semanas que Merche no ha salido con él. Siempre está con sus compañeros de trabajo. O sale con ellos o[4] se queda en casa. Claro, Rafa tiene exámenes. Puede estudiar por la noche y puede dormir hasta que le da la gana. Pero Merche tiene que levantarse a las seis y media. Así que no hacen mucha vida juntos[5].

Un día pasa lo que tiene que pasar. Ya cuando se llevaban bien Merche y Rafa, Javi la miraba de una forma[6] ... que a ella le encantaba. Ahora Rafa se ha ido a pasar tres días a casa de sus padres. Y uno de esos días por la mañana Merche se despierta en la cama de Javi. Cuando vuelve Rafa hay que poner las cartas sobre la mesa. Merche no quiere seguir con él. Quiere vivir con Javi, pero no tienen un sitio adónde ir. Y Rafa tampoco se puede marchar[7] a otro piso.

1 **fatal** in grausligem Zustand
2 **las cosas entre ellos** ihr Zusammenleben
3 **comer por ahí** außer Haus essen
4 **o ... o ...** entweder ... oder ...
5 **no hacer mucha vida juntos** nicht viel gemeinsam unternehmen
6 **de una forma** irgendwie so eigenartig
7 **marcharse** weggehen/ziehen
8 **los conflictos** Konflikte
9 **deprimido/a** deprimiert

Antonia está mala de tantos conflictos[8] de pareja. Rafa está muy deprimido[9]. Merche nerviosísima. Y Javi parece ser el único que está contento. Por fin tiene novia. La vida así le va muy bien. Pero ya no quiere vivir con Rafa.

Ahora se friega menos, se limpia menos, se come menos. Y a nadie le gusta la vida en este piso compartido.

TEMA 8

La Edición del
Catálogo, se retrasa
por estar incluido
en el fotografías de
la actual Exposición

BUROCRACIA

En la puerta de Correos

¿No sabías que en Correos están en huelga?

Uyyy, se me ha olvidado. Llevo una carta que tenía que llegar mañana mismo. ¿Entonces qué hago?

Tienes que llamar por teléfono y avisar que va a llegar más tarde o mejor - la mandas por los mensajeros. Son rapidísimos. Así te llega antes.

En la policía

Perdone, me acaban de robar el coche...

Haga el favor de esperar fuera. Ahora mismo le llamo.

....

¿Usted qué quería?

Resulta que me han robado mi coche con todos los documentos.

¿Cuáles?

El D.N.I., el carnet de conducir y los papeles del coche.

¿Dónde lo tenía aparcado?

Estaba en la calle Alhamar enfrente del Banco de Bilbao.

¿Qué coche es?

Un SEAT Ibiza.

¿Qué seguro tiene?

Está a todo riesgo.

¿Y los documentos iban dentro, decía?

Pues sí.

Entonces vamos a hacer la denuncia.

En la sucursal del banco

¿Qué desea?

¿Tiene cambio?

¿Qué quería cambiar, algún billete grande?

No, no, traigo este cheque.

¿Es suyo?

Si, me acaban de pagar con esto.

A ver .... esto, ¿de qué país viene?

Es un cheque holandés.

No, no, eso no lo cambiamos aquí. Tiene que ir a nuestra central en la Gran Vía.

En la ventanilla del ferrocarril

¿Me puede informar de una tarifa?

No, aquí sólo hacemos reservas. Mire en la ventanilla de al lado.

Quería hacer una pregunta.

Dígame.

Mañana tengo que ir a Barcelona y quería saber si hay una reducción para estudiantes.

Sí, para menores hay algo. ¿Cúantos años tiene?

Veinticuatro.

¿Me da su carnet?

Aquí lo tiene.

¿Qué día quería volver?

Me hacía falta sólo la ida.

Entonces no. Tiene que pagar la tarifa normal.

¿A cuánto me sale sólo la ida?

Cinco mil más o menos y el suplemento.

Puoooa, es carísimo.

.... Oiga, me devuelve mi carnet por favor.

En la aduana

¿Cuál de ésas es su maleta?

Esa misma es mía.

¿La pone encima de esta mesa por favor?, ¿qué es lo que lleva dentro?

Bueno, nada de especial: ropa, libros, un regalo.

¿Me la abre por favor?

(clac - clac)

¿Esto qué es?

Un flash para una cámara de vídeo.

Ahh, (el aduanero se pone contento) esto lo tiene que declarar. Haga el favor de pasar por aquella puerta.

En la casa de la cultura

Quería inscribirme en el cursillo.

¿En cuál?

En el de teatro.

Voy a ver si quedan plazas .... Uyyy, es difícil encontrar un sitio.

A ver si sigues mirando ...
Me temo que está completo. Hay veinte plazas y ya hay veintidós inscripciones.
¡Qué más da!
No es lo mismo. Si hay mucha gente se aprende menos.
Venga, ¿no puedes hacer una excepción? Seguro que falla alguien.
Ahora te lo hago, pero no se lo comentas a nadie, ¿verdad?
Muchas gracias. A propósito, ¿cuándo empieza?
El diez de junio. Toma, este resguardo es tuyo. Tienes que entregarlo el primer día de clase.

En la oficina de empleo

¿Qué quería?
Buenos días. Vengo porque acabo de estar en el banco. Resulta que llevo dos meses sin cobrar y el banco no sabe nada.
Vamos a ver. ¿Usted cómo se llama?
Juan Gómez Gómez.
¿Fecha de nacimiento?
El dos de setiembre de 1958.
Voy a buscar el fichero. ... Parece que hay un problema. De todos modos yo no se lo puedo arreglar. Mejor viene mañana y mi compañero se lo soluciona. Su despacho está en el mismo pasillo, todo derecho, al final.

¡APRENDE!

Burocracia

Bürokratie

En la puerta de Correos

Am Eingang der Post

¿sabías que?
wußtest du, daß ...?
estár en huelga
streiken
se me ha olvidado
ich habe vergessen
tenía
ich (er/sie) hatte
tenía que llegar
mußte ankommen
mañana mismo
noch morgen
avisar
Bescheid geben
tarde
spät
mejor
besser
mandar por
schicken mit ...
el mensajero
der Bote (mit Motorrad oder Vespa)
rapidísimo
ganz schnell/sehr schnell

En la policía

Auf der Polizei

robar
stehlen, klauen
haga el favor de
bitte ...!
fuera
draußen
ahora mismo
jetzt gleich
resulta que
es ist so, daß ...
los documentos
die Dokumente
¿cuáles?
welche?
D.N.I. (Documento Nacional de Identidad)
Personalausweis
conducir
(selbst) fahren
el carnet de conducir
der Führerschein
los papeles
die Papiere
aparcado/a
geparkt
el seguro
die Versicherung
a todo riesgo
Vollkasko
iban
sie fuhren
decía
er/sie sagte
la denuncia
die Anzeige

En la sucursal del banco

Auf der Zweigstelle der Bank

suyo/a
sein, ihr, Ihr
el país
das Land
holandés
holländisch
central
zentral
la Gran Vía
häufiger Name der Hauptstraße in einer Stadt

En la ventanilla de ferrocarril

Am Bahnhofsschalter

el ferrocarril
die Eisenbahn
informar de
informieren über
la tarifa
der Preis

la reserva
die Reservierung
la pregunta
die Frage
una reducción
die Ermäßigung
el estudiante
der Student
menor de
weniger (alt) als
el carnet
der Ausweis
me hacía falta
ich brauchte
la ida
die Hinfahrt
normal
na, wie heißt das wohl auf deutsch?
el suplemento
der Zuschlag
carísimo
sehr teuer

En la aduana
Am Zoll

¿cuál de esas? (fem.)
welcher von diesen?
la maleta
der Koffer
esa misma
dieser ist meiner (diese selbst)
encima de
auf
llevar dentro
drin haben
nada de especial
nichts Besonderes
la ropa
die Wäsche
el libro
das Buch
un regalo
ein Geschenk
abrir
öffnen
un flash
ein Blitzlicht(gerät)
una cámara de vídeo
eine Videokamera
el aduanero
der Zöllner
se pone contento
er freut sich
declarar
deklarieren
atender
bedienen, betreuen

En la casa de la cultura
Im Bürgerhaus

inscribirse
sich einschreiben
el cursillo
der Fortbildungskurs
la plaza
der (freie) Platz
temer
fürchten
un sitio
ein Platz
las inscripciones
die Einschreibungen
no es lo mismo
das ist nicht das gleiche
aprender
lernen
menos
weniger
venga
auf, komm … !
una excepción
eine Ausnahme
seguro
sicher
fallar
fehlen/nicht erscheinen
comentar
weitersagen
a propósito
apropos
junio
Juni
¿verdad?
wirklich?
el resguardo
die Quittung
tuyo/tuya
der/die deinige
entregar
aushändigen, abgeben

La oficina de empleo
Das Arbeitsamt

el empleo
die Anstellung
¿qué quería?
was wollten Sie (noch)?
cobrar
kassieren, Geld bekommen
la fecha de nacimiento
das Geburtsdatum
setiembre
der September
el fichero
die Kartei
de todos modos
auf alle Fälle
arreglar
in Ordnung bringen
solucionar
regeln
el despacho
das Büro
el pasillo
der Flur
todo derecho
geradeaus
al final
am Ende

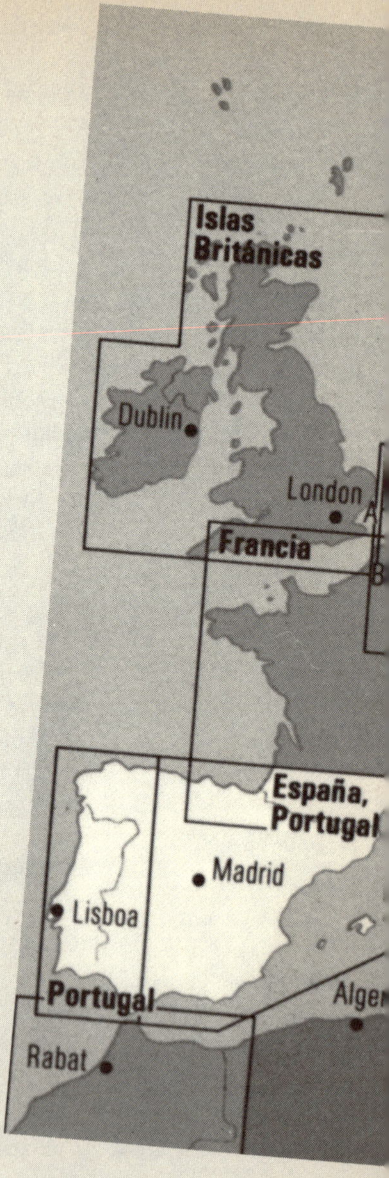

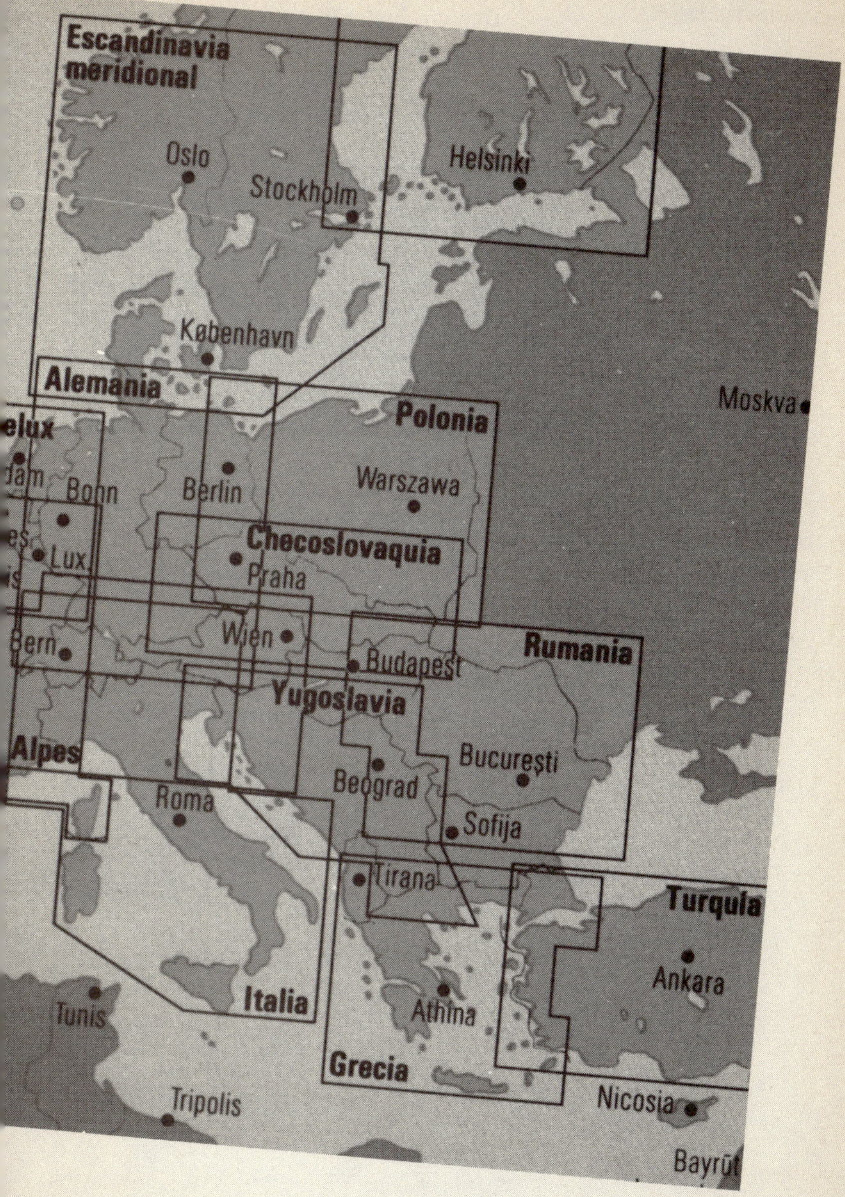
Escandinavia meridional
Oslo
Stockholm
Helsinki
København
Alemania
Moskva
Polonia
Warszawa
Bonn
Berlin
Lux.
Checoslovaquia
Praha
Bern
Wien
Budapest
Rumania
Yugoslavia
Alpes
București
Beograd
Roma
Sofija
Tirana
Turquía
Ankara
Italia
Athína
Tunis
Grecia
Nicosia
Tripolis
Bayrūt

TEORÍA

El comparativo irregular
Der unregelmäßige Komparativ

Der Komparativ wird gebraucht, um Eigenschaften zu vergleichen. Einige wenige Adjektive / Adverbien haben eigene Vergleichsformen:

bueno	→	**mejor**	besser
malo	→	**peor**	schlechter
mucho	→	**más**	mehr
poco	→	**menos**	weniger
grande	→	**mayor**	größer
pequeño	→	**menor**	kleiner

Paco de Lucía es un buen guitarrista.
Paco de Lucía es mejor **que** Pepe Fulano.
Paco de Lucía es **el mejor** guitarrista (del mundo, de todos los guitarristas, del siglo ...)

Die Konstruktion ist ganz einfach:

Komparativ + que
(mejor que)
Superlativ = el/la + Komparativ
(el mejor)

1. *Pon los comparativos*
Setze die Komparative:

(bueno, malo, grande, pequeño, mucho y poco)

1. No tengo mucho dinero. Para ir a Londres necesito
....más...

2. Joaquín tiene un coche muy bueno. Pero quiere uno ....

3. España es un país grande. La Unión Soviética tiene más kilómetros cuadrados, es ....

4. No hace buen tiempo hoy. Pero mañana el tiempo va a estar ....

5. ¿Estás gordo? Entonces tienes que comer .... para adelgazar.

6. Tengo dos hermanos. El .... tiene dos años más que yo, el .... tiene tres años menos que yo.

2. Fragen zum Text:

1. ¿Cómo se puede mandar una carta si en Correos están en huelga? **2.** Si usted tiene un coche, ¿qué documentos tiene que llevar? **3.** Si en la sucursal de un banco no le cambian un cheque extranjero, ¿dónde lo puede cambiar? **4.** ¿Para quién hay una reducción de tarifa en los viajes de ferrocarril? **5.** ¿Qué hace falta para conseguir una reducción de estudiantes? **6.** ¿Qué objetos no se pueden pasar por la aduana sin declarar? **7.** El cursillo está completo ya. ¿Cómo se consigue una plaza? **8.** ¿Quién suele solucionar los problemas en la oficina de empleo?

TEORÍA

Los días de la semana
Die Wochentage:

lunes (el)	Montag
martes	Dienstag
miércoles	Mittwoch
jueves	Donnerstag
viernes	Freitag
sábado	Samstag
domingo	Sonntag

Los nombres de los meses
Die Monatsnamen:

enero	Januar
febrero	Februar
marzo	März
abril	April
mayo	Mai
junio	Juni
julio	Juli
agosto	August
setiembre	September
octubre	Oktober
noviembre	November
diciembre	Dezember

La fecha
Das Datum

1.1.1992
El uno de enero de mil novecientos noventa y dos

2.3.1884
El dos de marzo de mil ochocientos ochenta y cuatro

Am Monatsanfang steht auch manchmal **el primero de julio** der erste Juli. Oft hört man auch die Wendung: **el día tres** am dritten...

Las cuatro estaciones del año
Die vier Jahreszeiten:

el invierno	der Winter
la primavera	der Frühling
el verano	der Sommer
el otoño	der Herbst

3. *Días y meses*
Ergänzen Sie:

1. Hoy es sábado. Pasado mañana es ...lunes.... **2.** Los días que no se trabaja son .... y .... **3.** El verano tiene los meses ...., ... y .... **4.** El .... empieza el fin de semana. **5.** Hoy es lunes. Mañana no tengo tiempo. Pasado mañana tampoco. Pero el .... puedo venir otra vez. **6.** Los meses más fríos del año son ...., ... y ....

4. *Relaciona*
Bringe zusammen

1. 12.10.1492	**a** la muerte de Franco
2. el catorce de julio de mil setecientos ochenta y nueve	**b** nacimiento de Jesús
3. 20.11.1975	**c** el primer hombre en la luna (Mond)
4. 1.1.1986	**d** nacimiento de Cervantes
5. 18.07.1936	**e** la entrada de España al mercado común (comunidad europea)
6. 20.07.1969	**f** la revolución francesa
7. 29.09.1547	**g** el descubrimiento de América por Cristóbal Colón
8. navidad	**h** el inicio de la Guerra Civil española

5. *Escribe con letras*
Schreibe in Buchstaben:

1. 02.04.1964 ....

2. 17.06.1953 ....

3. 20.07.1944 ....

4. 12.12.1212 ...el doce de diciembre de mil doscientos doce...

5. 13.10.1992 ....

6. 30.09.1939 ....

7. 29.02.1764 ....

8. Tu cumpleaños (dein Geburtstag) ....

TEORÍA

Verben in verschiedener Bedeutung

Cobrar

¡Me cobra, por favor! (Zum Kellner) Zahlen, bitte!
¿Cuánto cobras al mes? Wieviel verdienst du im Monat?
He venido a cobrar la luz. Ich bin gekommen, um die Stromrechnung (das Licht) zu kassieren.

Contar

¿No quieres contarme algo? Willst du mir nicht was erzählen?
Usted no sabe contar, son sólo 800 ptas. Sie können nicht zählen, es sind nur 800 Peseten.

Ir

Ibamos cuatro en el coche. Wir waren zu viert im Auto.
Los documentos iban dentro. Die Papiere waren drin (im Wagen).
¿Quién iba? Wer war dabei? (im Auto)

Sentir

Hoy no me siento bien. Heute fühle ich mich nicht gut.
Se ha muerto mi cuñado. – Hombre, lo siento. Mein Schwager ist gestorben. Mann, das tut mir (aber) leid.

Quedar

No tengo ganas de salir. Me quedo en casa. Ich habe keine Lust rauszugehen. Ich bleibe zu Hause.
Hemos quedado en la puerta del teatro. Wir haben uns vor dem Theater verabredet.

Meter

Voy a meter el vino en la nevera. Ich werde den Wein in den Kühlschrank stellen.
Hombre, no me meto contigo. Mann, ich lege mich (ja gar) nicht mit dir an.

Für das deutsche «werden» gibt es, je nach Situation, drei Entsprechungen:

1. Hacerse

Antonia se ha hecho maestra. Antonia ist Lehrerin geworden.

2. Ponerse

Se ha puesto rojo como un tomate. Er ist rot wie eine Tomate geworden.

3. Volverse

Charo se ha vuelto loca. Charo ist verrückt geworden.

6. *Preposiciones*
Präpositionen

1. Mi abuelo suele echar la siesta ...de las.... 3 ...a las... 4 y media.

2. Los domingos no me levanto .... las once.

3. Juan está .... Santander.

4. Mañana vamos .... Córdoba.

5. .... el dos de febrero no puedo venir.

6. .... agosto el museo queda cerrado.

7. .... desayuno me voy a la cama otra vez.

8. Me muero .... hambre.

9. .... aquí no hay teatros.

10. Tengo una carta .... ti.

(para, por, hasta, de, antes de, antes de, en, a, de ... a ..., después de)

7. Setzen Sie ins Pretérito imperfecto:

1. Sé que en el banco no trabajan.

....

2. Tengo que llamar por teléfono.

...Tenía que llamar por teléfono....

3. Llevo una carta urgente (eilig).

....

4. Mi coche está en la calle Sotelo.

....

5. Quiero hacer una pregunta.

....

6. No quedan plazas.

....

7. Es difícil encontrar un sitio.

....

8. El señor no me puede informar.

....

9. Hay un problema.

....

10. El compañero no está en este momento.

....

Betonte Possessivpronomen

Mío mía	mein/e , der/die meinige
Tuyo tuya	dein/e ...
Suyo suya	sein/e, ihr/e Ihre/e ...
Nuestro /a	unser/e ...
Vuestro /a	euer/ eure
Suyo/suya	ihr/e, Ihr/e

Este libro es tuyo. Dieses Buch ist dir (deins).

Hago lo mío y no me meto contigo. Ich tue das meinige (meinen Kram) und mische mich nicht bei dir rein.

Mío, tuyo, suyo etc. stehen **nach dem Hauptwort** oder alleine. Die Formen sind veränderlich (**-o, -a, -os, -as**)

Mañana viene una amiga nuestra. Morgen kommt eine Freundin von uns.

Señores, si quieren venir con algunos amigos suyos a la fiesta – no hay problema. Meine Herrschaften, wenn Sie mit Freunden von Ihnen zum Fest kommen möchten – kein Problem.

Das selbständige Pronomen im Dativ und Akkusativ

Hier haben **Dativ** und **Akkusativ** die gleiche Form:
¿A quién llama? **A ti.**
Wen ruft er? Dich.
¿A quién ha escrito la carta? **A ti.**
Wem hat er einen Brief geschrieben? Dir.

A mí	mir/mich
A ti	dir/dich
A él	ihm/ihn
A ella	ihr/sie
A usted	Ihnen/Sie
A nosotros/as	uns
A vosotros/as	euch
A ellos ihnen (männl.)	sie
A ellas ihnen (weibl.)	sie
A ustedes	Ihnen/Sie

8. *Contesta con sí o con no*

1. ¿Estos son los cigarrillos de Carmen?

....

2. ¿Este coche es de Paco?

No, no es suyo.

3. ¿Esta casa es del señor García?

....

4. ¿Estas son las hijas de Antonio?

....

5. ¿Este es el piso de tu amiga Rosario?

....

6. ¿Estos son los regalos de tu madre?

....

7. ¿Esta es la cámara de vídeo de ustedes?

....

9. *Traducción* Übersetzung

1. Das Kind kann schon rechnen.
2. Zahlen, bitte!
3. Immer legst du dich mit mir an.
4. Warum ist sie zu Hause geblieben?
5. Zu dritt fuhren wir in dem SEAT.
6. Wir sind um vier am Bahnhof verabredet.
7. Uiii, das macht mich verrückt.
8. Meine Schwester ist Ärztin geworden.
9. Fühlst du dich nicht gut?
10. Was? Gestorben? Das tut mir leid.

10. Partnerinterviews

1. ¿Qué día es tu cumpleaños (Geburtstag) ?
2. ¿Cuándo vas a España?
3. ¿Sabes cuándo son la vacaciones de verano, de navidad, de Semana Santa (Karwoche)?
4. ¿Prefieres la primavera o el otoño?
5. ¿Cuándo has empezado a aprender español?

TEORÍA

Redundancia
Redundanz

Das gleiche wird sprachlich durch mehrere Elemente ausgedrückt.

A mí me gusta ...	Mir gefällt ...
A ti te va bien ...	Dir steht ...
A él/ella/usted le escribe.	Ihm/ihr/Ihnen schreibt er.
A nosotros nos llaman.	Wir werden gerufen.
A vosotros os pregunto.	Euch frage ich.
A ellos/ellas/ustedes pide un consejo.	Sie bittet sie/Sie um einen Rat.

Zur besonderen Betonung der Person stehen häufig zwei Pronomen gleichzeitig: das **unbetonte** vor dem Verb, das **betonte** am Satzanfang oder -ende.

Eso no lo cambiamos aquí.	Das tauschen wir hier nicht um.
Esto lo tiene que declarar.	Das müssen Sie angeben.

Bei Sachen steht esto, eso, aquello statt des betonten Pronomens.

¡Ojo!

¿Qué más da?	Was ist schon dabei?
¿Entonces qué?	Na und?
¿Y qué?	Na und?
¿Es lo mismo?	Das ist gleich.
Se me ha olvidado.	Ich habe vergessen.

11. Schreiben Sie Dialoge:

1. A möchte auf der Bank Geld wechseln, es ist Freitag mittag. **B**, der Angestellte, hat keine Lust, es ist bald Mittagspause, und auf der Zentrale haben sie eh´ mehr Peseten flüssig.

2. Sie kommen durch den Zoll. Der Zöllner findet in Ihrem Koffer einen Fotoapparat. Sie sollen ihn verzollen. Der Apparat ist aber schon vier Jahre alt, und Sie haben ihn legal gekauft. Der Zöllner ist stur.

12. Fragen Sie besonders betont:

1. El coche, pertenecer, tú ......¿El coche te pertenece a ti?......

2. Lo que dice Luis, gustar, vosotros ....

3. Juan, escribir la carta, ella ....

4. Esto, usted decir, yo ....

5. Yo, llamar, tú ....

6. Esto, no parecer bien, nosotros ....

7. El señor, preguntar, ustedes ....

8. La comida, no gustar, ellas ....

9. El jefe, dar más dinero, tú ....

10. Carlos, no haber dicho nada, yo ....

11. Yo, haber visto, él ....

HOJA DE INSCRIPCION

D/ª ______________________________ CENTRO ______________

CETEGORIA PROFESIONAL ______________________________ PROVINCIA ______________

DOMICILIO ______________________________ LOCALIDAD ______________

DESEO GUARDERIA ______________ N.º DE NIÑOS ______________

LIBRES

LA MATRICULA LA INGRESO EN EFECTIVO O TRANSFERENCIA, EN LA CAJA GENERAL DE AHORROS DE MOTRIL, EN LA C/C N.º 357.695

ORDEN DE PREFERENCIA EN LOS MONOGRAFICOS ______________________________

ORDEN DE PREFERENCIA EN LOS TALLERES ______________________________

LECTURA

¡AYY, LOS BANCOS!

Fortunato Fuertes está de viaje. Le ha mandado su padre a Valencia para cobrar 50.000 pesetas. Cuando los clientes no pagan, hay que ir personalmente. Fortunato aprovecha para quedarse dos días. Cuando llega deja sus cosas en una pensión y va a ver a ese señor. El señor no está en casa y no vuelve hasta la tarde.. Sólo lleva dos mil pesetas y ya se le van[1] seiscientas en la comida. Cuando vuelve está el señor por fin. Pero no tiene dinero y le paga con un cheque. Dice que no hay ningún problema: «En cualquier banco lo puede cobrar.»

Pero así de fácil no es. Como son las cuatro y media ya están los bancos cerrados. Por la noche Fortunato va al cine y después - le quedan mil cien pesetas - va a comer algo barato: una hamburguesa con patatas fritas.

Al día siguiente[2] va a desayunar y entra en el primer banco que encuentra. Pero parece que sí que[3] hay problemas: «Este cheque es del Banco de Santander. Usted tiene que cobrarlo en una sucursal de ese banco.» Son las once y media ya y para no perder más tiempo Fortunato coge un taxi.

Cuando entrega el cheque parece que hay otro problema: «Espere un momento que tengo que mirar si este cheque tiene fondos[4].» A los cinco minutos vuelve el señor diciendo que el ordenador[5] no funciona: «¡Venga dentro de una hora y se lo arreglo sin problemas!» Fortunato aprovecha para tomar otro café. A la una y media el ordenador sigue sin funcionar[6]. Fortunato sale para llamar a casa. No hay nadie. Sólo el contestador automático[7]. Ha echado una moneda de cien pesetas, y claro, el teléfono se la ha tragado[8].

Vuelve al banco, pero nada. No hay manera de cobrar este cheque:
«Si no funciona el ordenador, ¿por qué no llama por teléfono?»
«Porque no sirve para nada.»
«¿Pero, yo qué hago? No tengo dinero para todo el fin de semana.»
«A ver si algún amigo le presta algo ...»
«Yo soy de Murcia y aquí no conozco a nadie.»
«Pero, ¿usted dónde vive, aquí en Valencia?»
«¿A usted qué le importa?»
«Pues, si se pone así, no le atiendo. A ver si en otro banco le pagan.»
«¡Pero este cheque lleva el nombre de este banco!»
«Lo siento, ya son las dos, vamos a cerrar ya ...»
«¡¡A la mierda[9]!!»

1 **se le van ... en ...** es gehen ihm ... drauf für ...
2 **al día siguiente** am nächsten Tag
3 **parece que sí que** es scheint doch, daß
4 **tener fondos** gedeckt sein (beim Scheck)
5 **el ordenador** Computer
6 **sigue sin funcionar** geht immer noch nicht
7 **el contestador automático** automatischer Anrufbeantworter
8 **tragar** schlucken
9 **a la mierda (!)** zum Teufel, scheiß drauf

TEST 4

1. *Comprensión auditiva*

Sie hören ein Gespräch zwischen Pili und Sonia. Kreuzen Sie beim Hören an, ob die Aussagen über dieses Gespräch richtig oder falsch sind. Hören Sie die Übung, wenn erforderlich, ein zweites Mal:

	correcto	**falso**
1. Sonia quiere hablar con Pili.	☐	☐
2. Sonia no tiene problemas con Pili.	☐	☐
3. Pili quiere hablar en un bar o en un café.	☐	☐
4. Antes Sonia y Pili pasaban más tiempo juntas.	☐	☐
5. No tenían mucha relación.	☐	☐
6. Ahora Pili tiene mucho tiempo para Sonia.	☐	☐
7. Pili no tiene mucho trabajo.	☐	☐
8. Sonia dice que Pili tiene tiempo los fines de semana.	☐	☐
9. Pili prefiere quedarse en casa.	☐	☐
10. Sonia no está desilusionada (enttäuscht).	☐	☐

2. *Comprensión auditiva*

Sie hören acht Sätze. Tragen Sie die fehlenden Wörter ein:

1. La vida en un .... no es nada fácil.

2. Muchas veces la cocina está fatal porque no se limpia ....,.. tampoco se compra comida.

3. Cuando uno .... una botella de vino, se toma ....

4. Uno no puede estudiar porque el otro llega con sus .... a las once de la noche.

5. Y el otro no puede traer a sus amigos por que el uno ....

6. Cuando hay problemas .... , es muy difícil.

7. Nadie puede ir a vivir ....

8. Pero a veces la vida en un piso compartido es ....

3. Welches Wort paßt? Machen Sie ein Kreuzchen:

1. Paco, ... hacerte una pregunta.

- a quieres
- b quería
- c queraba

2. Cuando yo ...... joven.

- a ero
- b sería
- c era

3. En 1989 ...... en San Sebastián.

- a vivíamos
- b vivábamos
- c viviendo

4. Antonio, quiero ...... una cosa.

- a te decir
- b decirte
- c te digo

5. ¡Ya ...... dicho mil veces!

- a te lo he
- b hetelo
- c haberte

6. Mi jefe quiere ...... a Moscú.

- a me mando
- b me manda
- c mandarme

7. ¿El regalo para Manuel? Ya ...... he dado.

- a le lo
- b se lo
- c lo le

8. Señor, ... digo otra vez.

- a se la
- b le lo
- c se lo

9. Hombre, ¿qué estás ...... ?

- a dices
- b diciendo
- c dicando

10. No tengo tiempo . Mi padre ...... esperando.

- a me está
- b está me
- c me estoy

11. Oye, ¿qué estás ...... ahora mismo?

- a haces
- b hacer
- c haciendo

12. ...... de recibir una llamada telefónica.

- a Estoy
- b Voy
- c Acabo

13. Amador sigue ...... conciertos en la calle.

- a diendo
- b dando
- c tocar

14. Señora, ... no poder ir.

- a siente
- b sentimos
- c sentir

15. ¿A ti ...... gustan los punkis?

- a te
- b me
- c se

16. A Paco, no ...... han invitado.

- a se
- b me
- c le

17. ¿La política? A ...... no me importa nada.

- a me
- b yo
- c mi

18. El trece ...... 1994.

- a de enero
- b enero
- c de enero de

4. Wie lautet die einzig sinnvolle Antwort?

1. ¿Qué te parece si vamos a tomar un café?

- a Bueno, de acuerdo.
- b No me gusta el vino.
- c No me parezco.

2. ¿Qué estás diciendo?

- a Te digo que no lo veo así.
- b No estoy haciendo nada.
- c ¡Qué dices!

3. ¿Estás enfadado conmigo?

- a No salgo contigo.
- b No estamos endadados.
- c ¡No, hombre, no!

4. ¿Quieres bajar la tele?

- a No tenemos tele.
- b Ya la bajo.
- c No quiero ir.

5. ¿Qué coche tiene usted?

- a Tengo un coche.
- b Me conoce usted.
- c Es un Ford Fiesta.

6. ¿Me puede informar de una tarifa?

- a Aquí no informamos.
- b Esto es la estación.
- c Hacemos reservas.

7. ¿Cuándo empieza el curso?

- a El tres de setiembre.
- b No ha empezado todavía.
- c Lo sé.

8. Usted, ¿cómo se llama?

- a No lo veo.
- b Hace frío en la calle.
- c Se me ha olvidado.

9. ¿No sabías que la oficina está cerrada?

- a Se me ha olvidado.
- b No sé si está cerrada.
- c Llamo por teléfono.

10. ¿Qué desea?

- a Quería hacer una pregunta.
- b No traigo dinero.
- c Tengo que ir a la central.

11. ¿Qué día quería volver?

- a Cuánto vale la ida y vuelta?
- b No voy en tren.
- c El 25 de este mes.

12. ¿Cuánto sale sólo la ida?

- a Aquí no hacemos reservas.
- b También puede pagar con un cheque.
- c Depende del día.

13. ¿Me abre su maleta por favor?

- a No tengo mucho trabajo.
- b Claro que sí.
- c Esa es mía.

14. ¿Fecha de nacimiento?

- a Usted, ¿cómo se llama?
- b Mañana voy otra vez.
- c El 5 de febrero de 1957.

15. ¿Qué es lo que te molesta?

a Salimos mucho.
b Antes salíamos mucho.
c Nada, todo está perfecto.

16. ¿Estás enfadado conmigo?

a No estoy muy atareado.
b Tengo mucho trabajo.
c ¡Qué va! No hay ningún problema.

17. ¿Por qué no puedes estudiar durante el día?

a No trabajo de noche.
b Eso es asunto mío.
c No tengo exámenes.

18. ¿Ya no me quieres?

a No te veo cambiada.
b Ahora te quiero.
c Sí, sí, te quiero mucho.

19. ¿Por qué vienes tan tarde?

a Hace buen tiempo.
b ¿Cómo estás?
c Es asunto mío.

20. ¿No tengo derecho a salir?

a Tu madre te está esperando.
b Por supuesto, pero ...
c Entonces no puedo salir.

Test 4 – Gesamtpunktzahl aller richtigen Antworten:

Deutsch – Spanisch

Dieses Glossar kann kein Wörterbuch ersetzen, dazu ist es nicht vollständig genug. Aber es kann dann helfen, wenn einem ein Wort aus den Texten nicht einfällt. Aufgeführt ist das entsprechende Wort nach Anfangsbuchstaben oder, bei einem ganzen Ausdruck, nach dem allerersten Buchstaben. (**«auf alle Fälle»** unter «**a**», **falls** unter «**f**»). In arabischen Zahlen steht hinter dem spanischen Wort das Tema, in dem die Vokabel zum erstenmal vorkommt. Das **L** hinter der Zahl sagt, daß das Wort im Lectura-Text auftaucht. Die spanischen Hauptwörter haben alle ihren Artikel «**el**» oder «**la**». Begriffe, die zumeist im Plural vorkommen, haben entsprechend «**los**» oder «**las**».

A

Abendessen la cena **2**
abends ausgehen salir por la noche **6**
aber pero **2**
aber doch pero si **7**
abnehmen (Gewicht) adelgazar **5**
abwechseln variar **4**
achtunddreißig treinta y ocho **2**
Achtung la atención **5**
alle todos **7**
alle Art von todo tipo de **5**
alleine solo/a **3**
alles todo **5**
alles zusammen? todo junto **4 L**
also entonces **2**
am Anfang al principio **5**
am Kiosk vorbeigehen pasar por el estanco **3**
am späten Abend, nachts por la noche **1 L**

am späten Morgen a media mañana **6**
amerikanischer Heimatschinken Falcon Crest **4 L** (idem: Dallas **4 L**)
an der Reihe sein tocarle a uno/a **7**
anderes (etwas) otra cosa **5**
andernfalls si no **4**
Anfang principio **5**
anfangen empezar **1**
anfangen zu empezar a **7**
angebrannt quemado/a **4**
Angelegenheit el asunto **7**
angenehm agradable **3**
ankommen llegar **3**
Anleitungen zu las instrucciones para **3**
anstelle von en lugar de **7**
Apfel la manzana **4**
Apotheke la farmacia **1**
Appetizers los entrantes **4**
apropos a propósito **8**
arabischer Tourist un turista árabe **2 L**
arbeiten trabajar **3**
Arbeit (Büro, Fabrik ...) beginnen entrar **6**
Arbeitsamt la oficina de empleo **8**
Arbeitsessen una comida de trabajo **4 L**
Arm el brazo **5**
Art und Weise la manera **3**
Arzt el édico **1**
atmen respirar **5**
Atomphysiker el físico nuclear **3 L**
auch nicht tampoco **6**
auch también **2 L**
auf alle Fälle de todos modos **5**
auf deine Kappe/ freiberuflich por tu cuenta **3**
aufgewärmt calentado/a **6 L**
aufhören zu terminar de **7**
aufstehen levantarse **5**
auftrinken (alles) bebérselo todo **7**
aus der Wohnung schmeißen echar del piso **7**
ausfallen fallar **8**
Ausgang la salida **1**
aushalten aguantar **5**
aushändigen entre- gar **8**
Ausnahme la excepción **8**
ausruhen descansar **6**
Ausruhen el descanso **6**
Aussehen el aspecto **5**
aussehen (gut) estár muy guapo/a **3**
aussehen (schlecht) tener mala cara **6**
aussteigen bajar **7**
Ausweis el carnet **4**
außer Haus essen comer fuera **6 L**, comer por ahí **7 L**
außerdem además **3**
Auto el coche **6**
automatischer Anrufbeantworter el contestador automático **8 L**
Avantgarde la vanguardia **4 L**

B

Bäckerei la panadería **2**
Bad el baño **7**
Badezimmer el cuarto de baño **7**
Bahnhof/Busbahnhof la estación **1**
Bahnhof la estación de trenes **1**
Bauch el vientre **5**
Bazar el bazar **2**
beachten hacer caso **7**
bedienen atender **8**

beenden terminar **4**
beim Arzt sein estar en el médico **5 L**
beim Einkaufen de compras **2**
beim Weggehen zum Einkaufen al salir de compras **5**
Bein la pierna **5**
bekannt vorkommen sonar **3**
beklagen quejar **6**
belegtes Brot el bocadillo **4**
Benzin la gasolina **1**
Bernabeu-Stadion el estadio Bernabéu **1**
Beruf el oficio **3**
beruhigend relajante **5**
beschäftigt atareado/a **7**
Bescheid sagen avisar **8**
Besitzer el dueño **7**
besser mejor **8**
bessern mejorar **5**
bewegen mover **5**
Bier la cerveza **2**
billig barato/a **2**
bis jetzt hasta ahora **6**
Biskuits los bizcochos **2**
Biskuitteilchen las madalenas **2**
bitte por favor **1**
blau azul **2 L**
bleiben quedar **4**
Blitzlicht el flash **8**
blond/hell (Tabak) rubio **3**
blond rubio/a **1**
Blutdruck la tensión **5**
Blutdruck messen tomarle la tensión **5**
Bote el mensajero **8**
brauchen necesitar **2**
braun (Haut) moreno/a **3/5**
braun werden ponerse moreno/a **5**
Bräutigam/Freund el novio **3**
Brechreiz los vómitos **5**
bringen (hin) llevar **1**
bringen (her) traer **4**
Brot(laib) la barra **4**
Brot el pan **2**
brut brut **3** (vergl. lat. **brutus**)
brutzeln/braten freír **4**
Buch el libro **5**
Bürgerhaus la casa de la cultura **8**
Büro el despacho **8**
Bürokratie la burocracia **8**
Bus el autobús **1**
Butter la mantequilla **4**

C

Cabriolet el descapotable **4 L**
Café/Cafeteria la cafetería **5 L**
Champagner el champán **3**
Champignons los champiñones **2**
Chef el jefe **3**
Computer el ordenador **8 L**
Cognac el coñac **4**
Corte Inglés el Corte Inglés **2**

D

da (Konj.) como **6 L**
da sie Gymnastik treibt como va a hacer ejercicio **6 L**
da steht alles ahí lo pone todo **4**
dafür para eso **6 L**
Dame la señora **2**
Damenabteilung la sección de señoras **2**
danach después **4**
danke gracias **1**
dann pues **1**
decken (Tisch) poner la mesa **4**

dein tuyo/a **8**
denken pensar **4**
deprimiert deprimido/a **7 L**
der Fuchs el zorro **3 L**
deswegen por eso **5**
deutsch/Deutscher alemán **1**
dick gordo/a **5**
die Atombombe la bomba atómica **3 L**
die ganze Nacht toda la noche **7**
die Mühe lohnen merecer la pena **7**
die Zentralbank el Banco Central **2 L**
die la **1**
dies esto **1**
dieser este **2**
direkt directamente **6**
diskutieren discutir **2**
Dokument el documento **8**
Dorf el pueblo **1**
dort ahí **1**
dort allí **3**
dort irgendwo por ahí **7**
Dose la lata **7**
dran sein mit tocarle a uno **6 L**
draußen fuera **8**
drei für zweitausend tres por dos mil **3**
drei Viertel tres cuartos **6**
drin sein in etwas llevar dentro **8**
dritte/r tercero /a **3**
Dummheiten las tonterías **5**
dunkel/schwarz negro **3**
Durchlauferhitzer el calentador **7**
duschen ducharse **6**
Dutzend la docena **2**

E

echt original **2**
Ecke la esquina **6**
Edelkneipe el pub **6 L**
egal sein dar igual **7**
egal sein (einem) pasar de **4**
Ehemann el marido **4**
Ei el huevo **1**
Eierkuchen la tortilla **4**
ein Kind bekommen tener un niño **5**
ein paar Tage algunos días **6**
ein Viertel von un cuarto de **2**
Eindruck la impresión **7**
eine Diät machen hacer una dieta **5**
eine lange Dusche una ducha larga **6 L**
eineinhalb Kilo kilo y medio **2**
einen trinken gehen tomar una copa por ahí **6**
einfach simplemente **7**
eingeladen sein estar invitado/a **3**
einige unos/unas **2**
einladen invitar **4**
einmalig único **5**
Einschreibung la inscripción **8**

einsteigen subir **3**
Eintopf el cocido **2**
eintreten entrar **3**
Eintritt la entrada **4**
einverstanden de acuerdo **3**
Eis el helado **1**
Eistorte la tarta helada **4**
ekelhaft ‹!› qué asco **4**
Eltern los padres **3**
empfehlen recomendar **4**
Ende el final **8**
enden terminar **7**
enthaaren depilar **5**
entschuldigen perdonar **3**
entschuldigen Sie perdone **1**
Entschuldigung el perdón **1**
enttäuscht sein quedarse desilusionado **3**
entweder ... oder ... o ... o ... **7 L**
entzücken encantar **4**
Entzündung la infección **5**
er/sie sieht ve **4**
er él **3**
Erdbeeren los fresones **4**
erhalten recibir **7**
Erkältung el resfriado **5**
erkennen reconocer **3**
erklären declarar **8**
erlangen conseguir **6**
Ermäßigung la reducción **8**
ermüden cansarse **5**
ernsthaft en serio **4**
erreichen alcanzar **6**
erster primer **4**
ertragen soportar **5**
es fehlt Salz falta sal **4 L**
es fehlt wenig falta poco **7**
es gehen ihm ... drauf für ... se le van ... en ... **8 L**
es gibt von allem hay de todo **3**
es gibt weder ... noch ... no hay ni ... ni ... **2**
es ist ein bißchen schwierig es un poco complicado **1**
es ist folgendes resulta que **8**
es ist gleich soweit ya falta poco **4**
es ist heiß hace calor **1**
es ist kalt hace frío **1**
es ist Zeit zu ... es hora de ... **6 L**
es ist, daß ... es que **3**
es scheint doch, daß ... parece que sí que **8 L**
Essen machen hacer la comida **6**
essen comer **1**
Essen la comida **5**
Etat (Haushaltsgeld) el presupuesto **6**
etwas müde un poco cansado/a **3**
etwas algo **2**
euer vuestro/a **3**

F

Fabrik la fábrica **6 L**
Fahrkarte el billete **2**
falls si **4**
Familie la familia **7**
Fan aficionado/a **6**
phantastisch fantástico/a **3**
fehlen hacer falta **3**
fehlen fallar **8**
Fenster la ventanilla **8**
Ferien las vacaciones **6**
fernsehen ver la televisión **6**
Fernsehen la tele **7**
Fest la fiesta **3**
Fieber la fiebre **5**
Filet el filete **4**
Filiale la sucursal **8**
Film la película **6**
finden encontrar **3**

Finger el dedo **4**
Fisch el pescado **4**
Fitness-Center el gimnasio **5**
Flasche la botella **3**
Flughafen el aeropuerto **1**
Flugzeug el avión **1**
Flur el pasillo **8**
Folge (Filmserie) el episodio **7**
folgen seguir **7**
Formel la fórmula **3 L**
Fragen stellen hacer preguntas **6**
fragen preguntar **1**
Franquist el franquista **6**
französisch francés **3**
Frau la mujer **6**
freuen (sich) ponerse contento **7**
Friede la paz **4**
frisch fresco **1**
Frischmilch la leche del día **2**
früher antes **6**
frühstücken desayunar **4**
Fuchs el zorro **3**
fühlen sentir **5**
Führerschein el carnet de conducir **8**
fünf Uhr las cinco **3**
Fünf-Peseten-Münze duro **1**
fünfhundert quinientas **2**
fünfter quinto **4**
fünfundsiebzig setenta y cinco **2**
fünfzig cincuenta **2**
für mich para mí **4**
für para **3**
fürchten temer **8**
fürchterlich ⟨!⟩ qué barbaridad **2**
Fuß el pie **5**
Fußball el fútbol **7**

G

ganz entero/a **3**
Garten el jardín **3**
geben (es gibt) hay **1**
geben dar **5**
geben (im Geschäft) poner (me pone) **2**
Geburtsdatum la fecha de nacimiento **8**
Gedeck el cubierto **4**
gedeckt sein (Scheck) tener fondos **8 L**
gefallen gustar **2**
gefallen (Person – gut/ schlecht) caer bien/ fatal **3**
gefällt mir me gusta **3**
gefälscht falso **2**
gegenüber enfrente **3**
geheim secreto/a **3 L**
gehen wir kaufen vamos a comprar **2**
gehen zu/nach ir a **2**
gehören pertenecer **3**
gehorchen hacer caso **7**
Geige el violín **2 L**
gekommen venido **4**
Geld bei sich haben llevar dinero **2**
Geld el dinero **1**
gemacht hecho **5**
genau dort ahí mismo **1**
genug bastante **1**
geradeaus todo derecho **8**
gerade haben wir gekauft acabamos de comprar **6**
gerieben rallado/a **4**
Geschäft la tienda **2**
Geschenk el regalo **8**
geschlossen cerrado/a **4**
geschwollen hinchado/a **5**
gesehen visto **4**
gestern abend anoche **5**
Gesundheit la salud **5**
Getränk la bebida **4**
gewesen estado (estar) **5**
gewesen sido (ser) **5**
Glas (mit Stiel) la copa **3**
Glas (ohne Stiel) el vaso **3**
Glück la suerte **3**

gräßlich horroroso/a **3**
Größe la talla **2**
Großmutter la abuela **4**
großzügig generoso/a **4**
grün verde **2**
grüßen saludar **4**
gut bien **3**
gut bueno/a **1**
guten Appetit que aproveche **4**
guten Tag buenas tardes **2**
guten Tag buenos días **1**
Gymnastik el ejercicio **5**
Gymnastik los ejercicios **6 L**

H

haben haber (Hilfsverb) **4**
haben tener **6**
halbtrocken semiseco **3**
halbes Kilo medio kilo **2**
Hälfte la mitad **2**
hallo hola **3**
hallo/wie geht's qué tal **3**
hallo qué hay **3**
hallo qué pasa **3**
Hand la mano **3**
handeln regatear **2**
hart duro/a **4**
Haufen Jahre una pila de años **3**
Hauptgang el plato fuerte **4**
Hauptstraße la Gran Vía **8**
Haus la casa **2**
Haushaltsgerät el aparato electrodoméstico **3**
Haut la piel **5**
heißen llamarse **3**
helfen ayudar **6**
Herr el señor **2**
heute nacht esta noche **2**
heute nicht hoy no **1**
hier haben Sie ... aquí tiene ... **4**
hier irgendwo por aquí **1**
hierin/bei en esto **3**
Hin- und Rückfahrt la ida y vuelta **2**
hinten al fondo **4**
Hitze el calor **1**
hoch alto/a **5**
holländisch holandés/a **8**
hören Sie oiga **3**
Hose el pantalón **2**
Hotel el hotel **1**
hübsch guapo/a **3**
hundert cien **2**
Hunger haben tener hambre **4**
Hunger el hambre **4**
Husten la tos **5**

I

ich weiß nicht no sé **1**
Idee la idea **3**
ihm le **2 L**
illegal ilegal **2 L**
im Angebot sein está en oferta **2**
immer siempre **3**
immer noch geht's nicht sigue sin funcionar **8 L**
in en **1**
in grausligem Zustand fatal **7 L**
in Ordnung bringen arreglar **7**
in Urlaub fahren ir de vacaciones **6**
in, in Mode de moda **4 L**
informieren informar de **8**
Ingenieur el ingeniero **3 L**
Ingenieurswesen la ingeniería **3**
innen dentro **8**
intelligent inteligente **3 L**

Interesse an interés en **3**
irgendein/ein algún **3**
irgendwie so eigenartig de una forma **7 L**
ist mir gut bekommen me ha ido bien **5**

J

Jahr el año **6**
jeden Tag cada día **6**
jedenfalls de todas maneras **3**
jeder cada **5**
jemand alguien **7**
jemandem gut bekommen irle bien a alguien **5**
jene esa **4**
jener aquel/la **4**
jener ese **4**
jetzt nicht ahora no **1**
Joggen footing **5**
Juni junio **8**

K

Kabine la cabina **1**
Kaffee trinken tomar café **2**
Kakaopulver el Colacao **4**
kalt frío **1**
Kamerad el compañero **6**
Kamillen(tee) la manzanilla **5**
kann ich anprobieren puedo probarme **2**
kann ich anrufen puedo llamar por teléfono **1**
kann's ein bißchen mehr sein puede ser un poquito más **2**
kaputt roto/a **5**
Karamelpudding el flan **4**
Karte la carta **4**
Kartei el fichero **8**
Kartoffeln las patatas **2**
Karton el paquete **2**
Käse el queso **2**
Kasse la caja **2**
kassieren cobrar **8**
katalanische Sektmarke Sadurní **3**
katalanisch catalán **3**
katalanische Creme la crema catalana **4**
kaufen comprar **1**
kein Problem no hay problema **2**
kein/e ningún **1**
keine Ahnung ni idea **1**
keine Ahnung yo que sé **6**
keine andere Wahl haben no tener más remedio **6**
keine Rede ni hablar **2**
Keks la galleta **4**
Kellner/in el/la camarero/a **4**
kennen/kennenlernen conocer **3**
Kilo el kilo **2**

Kino el cine **6**
Klage la denuncia **8**
klar doch claro que sí **1**
klar claro/a **1**
klasse estupendo/a **5**
Kleid el vestido **2**
Kleidung la ropa **8**
klingeln sonar **3**
Kneipe el bar **3**
Koch el cocinero **4**
Köchin la cocinera **4**
Kollege un colega **1 L**
kommen venir **3**
kommen venirse **2**
komm ven **4 L**
komm schon, Mann venga ya **3**
kommen Sie venga **4**
kommentieren comentar **8**
komplett completo **1**
Konditorei nebenan la pastelería de al lado **2**
Konflikte los conflictos **7 L**
Kongreß el congreso **1**
können poder **3**
Kopf la cabeza **3**
Körper el cuerpo **5**
kosten salir **2**
köstlich rico **4**
Krabben las gambitas **4**
krank enfermo **5**
krank schreiben dar de baja **5**
Krankenhaus el hospital **5**
Krankheit la enfermedad **5**
Kredit el crédito **6**
kritisieren criticar **5**
Krug la jarra **4**
kubanischer Reis el arroz a la cubana **4**
Küche la cocina **3**
Kühlschrank el frigorífico **4**
Kultur la cultura **8**
Künstler un artista **2 L**
Kurs el cursillo **3**
kurz gesagt total **2**
küssen besar **7**

L

Land (im Gegensatz zu Stadt) el campo **2**
Land el país **8**
langsam despacio **1**
langsamer más despacio **1**
Lärm el ruido **7**
lassen dejar **5**
laß mich déjame **4**
lau soso/a **4**
Lauch los puerros **4**
Launen los caprichos **4**
Leben la vida **6**
leben vivir **1**
leicht fácil **3**
leid sein estar harto/a **4**
Leidvolle (die Rechnung) la dolorosa **4**
leihen prestar **4**
lernen aprender **8**
lesen leer **7**
lesend leyendo **7**
letzte/r último/a **2**
Leute la gente **4**
liebe/r querido/a 6
lieben querer 7
links a la izquierda **1**
Löffel la cuchara **4**
London Londres **3**
lösen solucionar **8**
Lust las ganas **4**
Lust haben dar la gana **4**
Lust haben tener ganas de **4**

M

machen Sie sich keine Sorgen no se preocupe **5**
machen hacer **4**
Magen el estómago **5**
mal vez **6**
mal sehen a ver **2**
man muß hay que **5**
manchmal a veces **6**
Mann el hombre **3**
Mannequin la (!) modelo **4 L**
Marke la marca **3**
Markt el mercado **2**
Marmelade la mermelada **4**
Maschine la máquina **5**
Massage el masaje **5**
Masseur el masajista **5**
Mathematiker el matemático **3 L**
mehr oder weniger más o menos **8**
mein mío/a **7**
Melone el melón **2**
Messer el cuchillo **4**
Milchreis el arroz con leche **4**
minderjährig menor **8**
Mineralwasser el agua mineral **4**
Minute el minuto **1**
mir a mí **3**
mit den gleichen Leuten con la misma gente **3**
mit dir contigo **7**
mit ihm con él **3**
mit mir conmigo **7**
mit uns con nosotros **3**
Mittagsessen el almuerzo **6**
Mittagsschläfchen halten echar la siesta **6**
Mittel el remedio **6**
Mode la moda **4 L**
Momentchen un momentito **2**
Morgen mañana **4**
morgen abend mañana por la noche **2**
morgen früh mañana por la mañana **1**
morgen komm ich wieder mañana voy otra vez **5 L**
morgens por la mañana **4**
müde cansado/a **7**
Multi la multinacional **3 L**
Mund la boca **4**
Münze la moneda **1**
Muschel el mejillón **2**
müssen tener que **5**
Mutter la madre **3**

N

Nachbar/in el vecino / la vecina **7**
Nachmittag la tarde **3**
nächste Woche la semana que viene **3**
Nacht la noche **1**
Nachtisch el postre **4**
nachts por la noche **6**
Nägel lackieren pintar las uñas **5**
nahe bei cerca de **1**
nahe sein estar cerca **1**
neben ... al lado de **4**
nehmen tomar **2**
nein danke no gracias **1**
nerven dar la lata ‹!› **7**
neu nuevo/a **2**
nicht mehr ya no **2**
nichts nada **4**
nichts Besonderes nada de especial **8**
nichts sonst nada más **2**
nie nunca **5**
niemand nadie **3**
nirgendwo a ninguna parte **3**
noch todavía **4**
normal normal **8**
normalerweise normalmente **6**

Nummernschild (Auto) la matrícula **3**
nur sólo **2**
nutzen aprovechar **3**

O

obendrauf/außerdem encima **5**
Obst der Saison la fruta del tiempo **4**
Obstsalat la macedonia **4**
oder o **1**
offen abierto/a **4**
öffnen abrir **8**
oft muchas veces **7**
ohne sin **4**
okay / in Ordnung vale **1**
Orange la naranja **4**
orientalisch oriental **2**
originell original **4**
Ort/Platz el sitio **3**

P

Pärchen la pareja **7**
Päckchen el paquete **3**
Papier el papel **8**
Paradies el paraíso **5**
parken aparcar **8**
passiert pasado **4**
perfekt perfectamente **7**
Personalausweis el D.N.I. (Documento Nacional de Identidad) **8**
Pfirsich in Sirup los melocotones en almíbar **4**
Platz la plaza **1**
Plätze las plazas **8**
politisch políticamente **6**
Polizei la policía **4**
Pommes frites las patatas fritas **4**
portugiesisch portugués **3**
Post correos **8**
Preis el precio **2**
pro Woche por semana **6**
probieren probar **4**
Problem el problema **7**
Produktion la producción **4 L**
produzieren producir **5**
Prüfung el examen **7**
Prüfungen haben estar de exámenes **7**

Q

Quittung el resguardo **8**

R

radioaktiv radioactivo **3 L**
Rambazamba la juerga **7**
Ratschlag el consejo **5**
rauchen fumar **3**
Raum el espacio **6**
rausgehen salir **5**
Rechnung la cuenta **4**
recht haben tener derecho **7**
rechts a la derecha **1**
rechtzeitig a tiempo **6**
reden charlar **6**
reich mir das Brot pásame el pan **4**
Reihenhaus el chalet adosado **6**
Reise el viaje **2**
Reisebüro la agencia de viajes **2**
Rippe la costilla **5**
Röntgenbild la radiografía **5**
rot rojo/a **2**
Rotbarsch aus dem Ofen el besugo al horno **4**
Rücken la espalda **5**
ruhig tranquilamente **7**
runtergehen bajar **7**
russisch/Russe ruso **3 L**

S

Sache la cosa **4**
sagen Sie mir dígame **3**
sagen Sie hable **1**
sagend diciendo **7**
sagt (er/sie) dice **1**
sagte (ich/er/sie/Sie) decía **8**
Sahne la nata **4**
Salat la ensalada **4**
Salat la lechuga **4**
Sangria la sangría **3**
Sardinen las sardinas **2**
saubermachen limpiar **5**
Schallplatte el disco **2**
schämen, genieren dar vergüenza **5**
Schatz el tesoro **4**
schau Mami mira mamá **1**
Scheck el cheque **5**
scheinen parecer **3**
schicken mit ... mandar por **8**
schicken mandar **3**
Schiffsticket el billete de barco **3**
schlafen dormir **5**
schlecht/übel malo/a **5**
schlimm grave **5**
Schlüssel la llave **7**
Schluß jetzt ya está **4**
schmerzen doler **5**
Schmerzen los dolores **5**
schnell rápidamente **4**
Schnitzel el escalope **4**
schnurzpiepegal sein importar un bledo **7**
Schönheitssalon el centro de belleza **5**
Schrank el armario **3**
schreibend escribiendo **7**
Schwager el/la cuñado/a **6**
Schwarzwaldklinik La Clínica de la Selva Negra **4 L**
schweigen (Mund halten) callarse **7**
schwer pesado **2**
Schwester la hermana **3**
Schwiegereltern los suegros **6**
schwierig difícil **6**
Schwimmbad la piscina **5**
Schwimmen la natación **5**
Science-fiction la ciencia ficción **6**
Seehecht auf baskische Art la merluza a la vasca **4**
Seehecht la merluza **2**
sehr gut buenísimo/a **4**
sehr muy **1**
sehr schnell rapidísimo **8**
sei ruhig cállate **4**
sein/ihr/Ihr su (vorgestellt) **3**
sein/ihr/Ihr suyo/a (nachgestellt) **8**
seit einer halben Stunde schon (sein) llevar media hora ya **4**
seit langer Zeit hace muchos años que **3**
seit wann ... cuánto tiempo hace que .. **3**
Seite el lado **1 L**
Sektmarke el Montferrant **3**
selbst/gleich mismo/a **3**
selbstverständlich por supuesto **2**
seltsam raro/a **7**
September setiembre **8**
servieren servir **4**
setzen/stellen/legen meter **3**
sich ärgern über enfadarse con **7**
sich beziehen auf referirse/a **5**
sich einschreiben inscribirse **8**

sich freuen über alegrarse de **3**
sich setzen sentarse en **6**
sicher seguro/a **8**
Sie usted **1**
siebenhundert setecientos/as **2**
Sirup/Saft el jarabe **5**
Ski esquí **5**
so así **4**
so daß así que **4**
so sehr tan **3**
sofort en seguida **1**
Sohn hijo **6**
Sonnenbank el solario **3**
Sonntag el domingo **3**
sonst noch etwas algo más **2**
soviel/e tanto/a **2**
spät tarde **3**
später luego **1**
Spätlese la reserva **8**
Spiegeleier los huevos fritos **4**
spielen (Instrument) tocar **2 L**
spielen jugar **4**
Sport el deporte **5**
sprechen hablar **4**
Sprudel gas **4**
spülen fregar **6**
Stange (Zigaretten) el cartón **5**
stehlen robar **8**
steig ein súbete **3**
sterben morir **5**
sterben morirse **4**
stören molestar **7**
Strand la playa **3**
Straße calle **1**
streiken estar en huelga **8**
Student el estudiante **8**
studieren/lernen estudiar **7**
Stunde la hora **5**
suchen buscar **8**
Supermarkt el supermercado **2**
Suppeneintopf el potaje **4**
Süßwaren los pasteles **5**
Symptom el síntoma **5**

T

Tabak el tabaco **3**
Tabletten las pastillas **4**
Tag el día **1**
Tagesklinik el centro de salud **5**
Tankstelle la estación de servicio **1**/ la gasolinera **1**
Tarif la tarifa **8**
Täßchen la tacita **5**
Taxi nehmen coger un taxi **1 L**
technischer Übersetzer el traductor técnico **3**
Telefon (öffentlich) el teléfono público **1**
telefonisch por teléfono **3**
Teller/Gang el plato **4**
Tennis el tenis **5**
Termin machen pedir hora **5**
teuer caro/a **1**
teuerst carísimo/a **8**
Theater el teatro **6**
Theatergruppe el grupo de teatro **3**
Thunfisch el atún **4**
Tiefkühltruhe el congelador **2**
Tierarzt el veterinario **1**
Tisch la mesa **4**
Tisch decken poner la mesa **4**
Toast la tostada **4**
Tochter la hija **6**
Treppe las escaleras **5**
Treppe runterfallen caerse por las escaleras **5**
treten Sie ein entre **3**
trinken beber **4**
tun Sie (mir) den Gefallen haga el favor de **8**

Tür la puerta **3**
tut mir leid lo siento **1**
Tüte la bolsa **2**

U

U-Bahn el metro **6**
Übelkeit los mareos **5**
über encima de **8**
über(drüssig) harto **4**
überall en todos lados **2**
überhaupt nicht qué va **3**
Übersetzer el traductor **3 L**
uiii uyyy (Windrascheln im Pinienhain und Ausdruck großen Erstaunens) **2 L**
umbringen matar **3**
unser nuestro/a **3**

V

Vagabund el vagabundo **2**
verbleiben quedar en **3 L**
verdammt jolines **7**
vergessen olvidar **8**
Verhältnis la relación **7**
verheiratet casado/a **6**
verkaufen vender **2**
verloren perdido **5**
verschreiben (Medizin) recetar **5**
Versicherung el seguro **8**
verstehen entender **1**
Vichysoise la vichysoise **4** (da wär ich jetzt gar nicht drauf gekommen)
Video el vídeo **6** (da auch nicht)
Videokamera la cámara de vídeo **8**
viel mucho **4**
vielen Dank muchas gracias **1**
Viertel cuarto **4**
Viertelstunde cuarto de hora **5**
vierzig cuarenta **2**
voll mit Arbeit eingedeckt sein estar a tope de trabajo **3**
Vollkasko a todo riesgo **8**
Vollkornbrot el pan integral **2**
von ... bis ... de ... a ... **6**
vor antes de **6**
vor der Theatertür en la puerta del teatro **3**
vor drei Wochen hace tres semanas **5**
vor langem hace mucho **4**
vorbereitet preparado **4**
vorziehen preferir **7**
Vorspeise los entrantes **4**

W

wach despierto **6**
während des Tages durante el día **7**
währenddessen mientras **4**
Wahrheit la verdad **7**
warm/heiß caliente **5 L**
wärmen calentar **4**
warte auf mich in der Kneipe espérame en el bar **2**

warten Sie espere **2**
warum fahren wir nicht im Taxi por qué no vamos en taxi **1**
warum fährst du nicht im Zug por qué no vas en tren **1**
was darf's sein qué le doy **2**
was du willst lo que tú quieras **3**
was für ein/e ... qué clase de **6**
was gibt's Neues ¿qué me cuentas? **3**
was gibt's qué es lo que hay **3**
was haben Sie qué le pasa **5**
was hältst du davon, wenn qué te parece si **5**
was ist da drin qué lleva eso **4**
was kostet cuánto vale **1**
was los ist, ist lo que pasa es **4**
was sagst du da qué estás diciendo **7**
was war (noch) qué era **8**
was wollt ich mehr qué más quisiera yo **5**
was el qué **5**
was ein Hammer qué disparate (!) **2**
Wasser el agua (fem.) **4**
Wechsel el cambio **1**
wechseln cambiar **2**
weggehen no se me quita **5**
weggehen/ziehen marcharse **7 L**
wegnehmen/gehen quitar **5**
weil er deutsch ist porque es alemán **1**
Weile el rato **6**
Wein el vino **2**
Weinhandlung la bodega **3**
weiß blanco/a **4**
weit entfernt lejos **1**
welcher cuál **2**
wenig gemeinsam unternehmen no hacer mucha vida juntos **7 L**
weniger menos **8**
wenigstens por lo menos **6**
wenn ich dich schon mal einlade una vez que te invito **4**
wer ist dran a quién le toca **2**
wer ist es quién es **3**
wert sein valer **2**
Westen el oeste **6**
Whisky mit Soda un güisqui con soda **4 L**
wichtig sein importar **2** (**ist nicht wichtig** no importa **2**)
wie cómo **1**
wie geht's dir cómo estás **3**
wie geht's uns cómo estamos **5**
wie heißt du cómo te llamas **3**
wie immer como siempre **6**
wie ist das möglich cómo puede ser **4**
wie ist das Wetter cómo está el tiempo **1**
wie komme ich zu/nach ... cómo voy a ... **1**
wie übel mir ist qué mala estoy **5**
wieder nuevamente **6**
wieder otra vez **2**
Wiedersehen adiós **1**
wieso nicht como no **6**
wieso y eso **3**
wieviel kommt ... en cuánto sale/n **2**
wieviel kosten a cuánto están **2**
wieviel kostet a cómo está **2**
wieviel macht ... cuánto es **2**

wieviel cuánto **1**
willst du was trinken quieres tomar algo **3**
wir besuchen visitamos **1 L**
wir werden sehen vamos a ver **5**
wirklich de verdad **5**
wissen saber **4**
wo ist dónde está **1**
wo möchten Sie hin adónde quiere ir **1**
wo sind wir dónde estamos **3**
wo verbleiben wir dónde quedamos **3**
Wochenende el fin de semana **7**
Wochenmarkt el mercadillo **2**
Wohngemeinschaft el piso compartido **7**
wollen/lieben querer **1**
woran erkenne ich dich cómo te reconozco **3**
wozu para qué **2**
Wunder la maravilla **5**
wünschen desear **8**
wußtest du sabías que **8**

Z

zahlen pagar **4**
zärtlich cariñoso/a **7**
zehn Minuten zu Fuß a diez minutos andando **1**
Zeit el tiempo **1**
Zeit (ich habe – zu) me da tiempo **4**
Zeit zu nichts tiempo de nada **4**
zentral central **8**
Zigaretten los cigarrillos **5**
Zimmer la habitación **1**
Zoll la aduana **8**
zu Abend essen cenar **7**
zu tun haben tener cosas que hacer **4**
zu tun pflegen soler hacer **6**
Zucker el azúcar **4**
zuerst primero **4 L**
zufrieden contento/a **6**
zufrieden werden ponerse contento/a **8**
Zug el tren **1**
zu Hause en casa **2**
Zuhörer oyentes **6**
zum Gipfel/obendrauf para colmo **5**
zum Teufel, scheiß drauf! a la mierda (!) **8 L**
zum Verrücktwerden es para volverse loco/a **3**
zurückgeben devolver **5**
zurückkommen volver **4**
zusammen junto/a **3**
Zusammenleben la convivencia **7**
Zuschlag el suplemento **8**
zuviel demasiado/a **6**
zweite/r segundo/a **4**

CHEQUEO

Español – Alemán

Die arabische Zahl am Ende der übersetzten Vokabel bezieht sich auf das Tema, in dem das spanische Wort zum erstenmal vorkommt. Wenn ganze Ausdrücke gesucht werden, dann ist der erste Buchstabe des ersten Wortes ausschlaggebend (**en la puerta del teatro** steht unter «**e**»). Wörter/Wendungen, die in den Lectura-Texten vorkommen, haben ein **L** hinter der Lektionszahl. Im Spanischen sind «**ch**» und «**ll**» eigene Buchstaben und werden gesondert aufgeführt. Steht ein ‹ › oder ein ‹!› hinter dem Ausdruck, so bedeutet das familiär oder vulgär.

A

a nach, zu **1**
a cien zu hundert (Peseten) **2**
a cómo está wieviel kostet **2**
a cuánto están wieviel kosten **2**
a la derecha rechts **1**
a la izquierda links **1**
a la mierda ‹!› zum Teufel, scheiß drauf! **8 L**
a media mañana am späten Morgen **6**
a mí mir **3**
a ninguna parte nirgendwohin **3**
a propósito apropos **8**
a quién le toca wer ist dran? **2**
a tiempo rechtzeitig **6**
a todo riesgo Vollkasko **8**
a tope ‹ › voll **3**
a veces manchmal **6**
a ver mal sehen **2**
abierto/a offen **4**
abrir öffnen **8**
abuela Großmutter **4**
acabamos de comprar wir haben gerade gekauft **6**
adelgazar (Gewicht) abnehmen **5**
además außerdem **3**
adiós auf Wiedersehen **1**
adónde quiere ir wo möchten Sie hin **1**
aduana Zoll **8**
aduanero Zöllner **8**

aeropuerto Flughafen **1**
aficionado/a Fan **6**
agencia de viajes Reisebüro **2**
agradable angenehm **3**
agua Wasser **4**
agua mineral Mineralwasser **4**
aguantar aushalten **5**
ahí dort **1**
ahí mismo genau dort **1**
ahora no jetzt nicht **1**
al fondo hinten **4**
al lado de neben ... **4**
al principio am Anfang **5**
alcanzar erreichen **6**
alegrarse de sich freuen über **3**
alemán deutsch/Deutscher **1**
algo etwas **2**
algo más sonst noch etwas **2**
alguien jemand **7**
algún (irgend)ein **3**
algunos días de ein paar Tage **6**
almíbar Sirup **4**
almuerzo Mittagessen **6**
alto/a hoch **5**
allí da **3** (das steht hier, weil **ll** nach **l** kommt)
amigo/a Freund/in **3**
andando zu Fuß **1**
anoche gestern abend **5**
antes früher **6**
antes de vor **6**
año Jahr **6**
aparatos electrodomésticos Haushaltsgeräte **3**
aparcado geparkt **8**
apetecer Hunger haben auf **4**
aprender lernen **8**
aprovechar nutzen **3**
aquel/la jene/r **4**
aquí hier **1**
aquí la tiene hier haben Sie ... **4**
armario Schrank **3**
arreglar in Ordnung bringen **7**
arroz a la cubana kubanischer Reis **4**
arroz con leche Milchreis **4**
artista Künstler **2 L**
asco Ekel **4**
así so **4**
así que so daß **4**
aspecto Aussehen **5**
asturiano aus Asturien **4**
asunto Angelegenheit **7**
atareado/a beschäftigt **7**
atención Achtung **5**
atender bedienen **8**
atún Thunfisch **4**
autobús Bus **1**
avión Flugzeug **1**
avisar Bescheid sagen **8**
ayudar helfen **6**
azúcar Zucker **4**
azul blau **2**

B

bajar runtergehen/aussteigen **7**
Banco Central die Zentralbank **2 L**
baño Bad **7**
bar Kneipe **3**
barato/a billig **2**
barbaridad Barbarei **2**
barco Schiff **2**
barra Brot(laib) **4**
bastante genug **1**
bazar Basar **2**
beber trinken **4**
bebérselo todo alles auftrinken **7**
bebida Getränk **4**
belleza Schönheit **5**
besar küssen **7**
besugo al horno Rotbarsch aus dem Ofen **4**
bien gut **1**

billete Fahrkarte **2**
billete de barco Schiffsticket **3**
blanco/a weiß **2, 4**
boca cerrada geschlossener Mund **4**
bocadillo belegtes Brot **4**
bodega Weinhandlung **3**
bolsa de bizcochos Tüte Biskuits **2**
bombas atómicas die Atombomben **3 L**
botella Flasche **3**
brazo Arm **5**
brik Tetrapak **2**
brut brut **3** (aber mit gerrrolltem **r** und **u**)
buenas tardes guten Tag **2**
buenísimo/a sehr gut **4**
bueno/a gut **1**
buenos días guten Tag **1**
burocracia Bürokratie **8**
buscar suchen **8**

C

cabeza Kopf **3**
cabina Kabine **1**
cada jede/r **5**
cada día jeden Tag **6**
caer bien/fatal gefallen (gut/schlecht) **3**
caerse por las escaleras Treppe runterfallen **5**
café Kaffee **2**
cafetería Café/Cafeteria **5 L**
caja Kasse **2**
calentado/a aufgewärmt **6 L**
calentador Durchlauferhitzer **7**
calentar wärmen **4**
caliente warm/heiß **5 L**
callarse schweigen **7**
cállate sei ruhig **4**
calle Straße **1**
calor Hitze **1**
cámara de vídeo Videokamera **8**
camarero/a Kellner/in **4**
cambiar wechseln **2**
cambio Wechsel **1**
campo Land **2**
cansado/a müde **7**
cansarse ermüden **5**
caprichos Launen **4**
cara Gesicht **3**
cariñoso zärtlich **7**
carísimo/a sehr teuer **8**
carne picada Hackfleisch **2**
carnet de conducir Führerschein **8**
carnet Ausweis **4**
caro/a teuer **1**
carta Karte **4**
cartón Stange (Zigaretten) **5**
casa Haus **2**
casa de la cultura Bürgerhaus **8**
casado/a verheiratet **6**
cassette MC **2**
catalán katalanisch **3**
cena Abendessen **2**
cenar zu Abend essen **7**
central zentral **8**
centro de belleza Schönheitssalon **5**
centro de salud Tagesklinik **5**
cerca nahe **1**
cerca de nahe bei **1**
cerrado/a geschlossen **4**
cerveza Bier **2**
cien Hundert **2**

ciencia ficción Science-fiction **6**
cigarrillos Zigaretten **5**
cinco fünf **2**
cincuenta fünfzig **2**
cine Kino **6**
claro que sí klar doch **1**
claro/a klar **1**
clase Art von **6**
Clínica de la Selva Negra Schwarzwald-klinik **4 L**
cobrar kassieren **8**
cocina Küche **3**
cocinero/a Koch/Köchin **4**
cocido Eintopf **2**
coche Auto **3**
coger un taxi Taxi nehmen **1**
colega Kollege **1 L**
colmo Gipfel **5**
Colacao Kakaopulver **4**
comentar kommentieren **8**
comer essen **1**
comer fuera außer Haus essen **6 L**
comer por ahí außer Haus essen **7 L**
comida de trabajo Arbeitsessen **4 L**
como da **4**
cómo wie **1**
cómo está el tiempo wie ist das Wetter **1**
cómo estamos wie geht's uns **5** (internat. Chefarzt-Slang)
cómo estás wie geht's dir **3**
como no klar,wieso nicht? **6**
cómo puede ser wie ist das möglich? **4**
como siempre wie immer **6**
cómo te llamas wie heißt du **3**
cómo te reconozco woran erkenne ich dich **3**
cómo voy a ... wie komme ich zu/nach... **1**
compañeros Kameraden **6**
compartido geteilt **7**
completo komplett **1**
complicado kompliziert **1**
comprar kaufen **1, 2**
con él mit ihm **3**
con la misma gente mit den gleichen Leuten **3**
con nosotros mit uns **3**
conducir (selbst) fahren **8**
conflictos Konflikte **7 L**
congelador Tiefkühltruhe **2**
congreso Kongreß **1**
conmigo mit mir **7**
conocer kennen/kennenlernen **3**
conseguir erlangen **6**
consejo Ratschlag **5**
contar erzählen **3, 7**
contento/a zufrieden **6**
contestador automático automatischer Anrufbeantworter **8**
contigo mit dir **7**
contra gegen **5**
convivencia Zusammenleben **7**
coñac Cognac **4**
copa Glas (mit Stiel) **3**
copia Kopie **2**
correos Post **8**
Corte Inglés Corte Inglés **2**
cosa Sache **4**
costilla Rippe **5**
crédito Kredit **6**
crema catalana katalanische Creme **4**
creo ich glaube **1**
criticar kritisieren **5**
cuál welcher **2**
cuándo wann **1**
cuando als, wenn **5**
cuánto wieviel **1**
cuánto es wieviel macht... **2**

cuánto tiempo hace que ... seit wann ... **3**
cuánto vale was kostet **1**
cuarenta vierzig **2**
cuarto Viertel **2**
cuarto de baño Badezimmer **7**
cuarto de hora Viertelstunde **5**
cubano kubanisch **4**
cubierto Gedeck **4**
cuchara Löffel **4**
cuchillo Messer **4**
cuenta Rechnung **4**
cuerpo Körper **5**
cultura Kultur **8**
cuñado/a Schwager/ Schwägerin **6**
cursillo Kurs **3**
curso Kurs **5**

CH

chalet adosado Reihenhaus **6**
champán Champagner **3**
champiñones Champignons **2**
charlar reden **6**
cheque Scheck **5**
chuparse los dedos sich die Finger schlecken **4**

D

D.N.I. (Documento Nacional de Identidad) Personalausweis **8**
Dallas amerikanischer Heimatschinken **4 L**
dar geben **5**
dar de baja krank schreiben **5**
dar igual gleich sein **7**
dar la gana Lust haben **4**
dar la lata ‹!› nerven **7**
dar tiempo Zeit haben zu **4**
dar vergüenza beschämen, genieren **5**
de ... a ... von ... bis ... **6**
de acuerdo einverstanden **3**
de compras beim Einkaufen **2**
de moda «in» **4 L**
de todas maneras jedenfalls **3**
de todos modos auf alle Fälle **5**
de una forma irgendwie so eigenartig **7 L**
de verdad wirklich **5**
deber schulden **5**
decía ich/er/Sie sagte **8**
declarar erklären **8**
dedo Finger **4**
déjame laß mich **4**
dejar lassen **5**
demasiado/a zuviel **6**
dentro innen **8**
denuncia Klage **8**
depilar enthaaren **5**
deporte Sport **5**
deprimido/a deprimiert **7 L**
derecha rechts **1**
derecho Recht **7**
desayunar frühstükken **4**
descansar ausruhen **6**
descanso Ausruhen **6**
descapotable Cabriolet **4 L**
desear wünschen **8**
desde seit **7**
desilusionado enttäuscht **3**
despacho Büro **8**
despacio langsam **1**
despierto wach **6**
después danach **4**
devolver zurückgeben **5**
día Tag **1**
dice er/sie sagten, Sie sagten **1**
diciendo sagend **7**
dicho gesagt **5**
dieta Diät **5**

diez zehn **1**
difícil schwierig **6**
dígame sagen Sie mir **3**
digo ich sage **5**
dinero Geld **1**
directamente direkt **6**
discos Platten **2**
discutir diskutieren **2**
disparate ‹ › was'n Hammer **2**
doce zwölf **7**
docena Dutzend **2**
doctor Doktor **5**
documentos Dokumente **8**
doler schmerzen **5**
dolores Schmerzen **5**
dolorosa Leidvolle **4** (es handelt sich um die Rechnung nach dem Essen im Restaurant)
domingo Sonntag **2**
dónde está wo ist **1**
dónde estamos wo sind wir **3**
dónde quedamos wo verbleiben wir **3**
dormir schlafen **5**
dos zwei **1**
ducha larga lange Dusche **6 L**
ducharse duschen **6**
dueño Besitzer **7**
durante el día während des Tages **7**
duro/a hart **4**
duros 5-Peseten-Münzen **1**

E

echar rausschmeißen **7**
ejercicio Gymnastik **5**
el qué was **5**
él er **3**
electrodomésticos elektrische Haushalts- **3**
empezar a anfangen zu **7**
empezar anfangen **1**
empleo Anstellung **8**
en in **1**
en casa zu Hause **2**
en cuánto sale/n wieviel kommt ...? **2**
en esto hierin/-bei **3**
en lugar de anstelle von **7**
en seguida sofort **1**
en serio ernsthaft **4**
en todos lados überall **2**
encantar entzücken **4**
encima de über **8**
encima obendrauf/außerdem **5**
encontrar finden **3**
enfadarse con sich ärgern über **7**
enfermedad Krankheit **5**
enfermo krank **5**
enfrente gegenüber **3**
ensalada Salat **4**
entender verstehen **1**
entero/a ganz **3**
entonces also **2**
entrada Eintritt **4**
entrantes Appetizers **4**
entrar eintreten **3** mit der Arbeit beginnen **6**
entre treten Sie ein **3**
entregar aushändigen **8**
episodio Folge (Filmserie) **7**
es hora de ... es ist Zeit zu ... **6 L**
es lo que hay das gibt es **4**
es muy fácil das ist sehr leicht **3**
es que es ist, daß **3**
esa jene **4**
escaleras Treppe **5**
escalope Schnitzel **4**
escribiendo schreibend **7**
escuchar zuhören **7**
ese jener **4**
es das **2**
eso lo dicen todos das sagen alle **5**
espacio Raum **6**

espalda Rücken **5**
español Spanisch **3**
especial besonders **8**
espere warten Sie **2**
esquí Ski **5**
esquina Ecke **6**
está en oferta das ist im Angebot **2**
esta/o diese/r **2**
esta noche heute nacht **2**
estabas du warst **7**
estación Bahnhof/ Busbahnhof **1**
estación de servicio Tankstelle **1**
estación de trenes Bahnhof **1**
estado (estar) gewesen **5**
estanco Kiosk **3**
estar sein **1**
estar invitado/a eingeladen sein **3**
estás muy guapa du siehst gut aus **3**
estás muy morena du bist braun **3**
este dieser **2**
esto dies **1**
estómago Magen **5**
estoy harto/a ich bin's leid **4**
estudiante Student **8**
estudiar studieren/ lernen **7**
estupendo/a klasse **5**
examen Prüfung **7**
excepción Ausnahme **8**

F

fábrica Fabrik **6 L**
fácil leicht **3**
Falcón Crest Heimatschnulze aus USA **4 L**
fallar fehlen/ausfallen **8**
falso gefälscht **2**
falta Mangel **3**
faltar fehlen **2**
falta sal es fehlt Salz **4**
familia Familie **7**
fantástico/a phantastisch **3**
farmacia Apotheke **1**
fatal scheußlich **3** in grausligem Zustand **7 7 L**
fecha de nacimiento Geburtsdatum **8**
ferrocarril Eisenbahn **8**
fichero Kartei **8**
fiebre Fieber **5**
fiesta Fest **3**
filete Filet **4**
fin de semana Wochenende **7**
fina Ende **8**
físico nuclear Atomphysiker **3 L**
flan Karamelpudding **4**
flash Blitzlicht **8**
fondo Hintergrund **4**
fondos (Deckung beim Scheck) **7**
footing Joggen **5**
fórmula Formel **3 L**
francés französisch **3**
franquista Franquist **6**
fregar spülen **6**
freír brutzeln/braten **4**
fresco frisch **2**
fresones Erdbeeren **4**
frigorífico Kühlschrank **4**
frío kalt **1**
frito frittiert **4**
fruta Obst **2**
fruta del tiempo Obst der Saison **4**
fuera draußen **8**
fuerte stark **4**
fumar rauchen **3**
fútbol Fußball **7**

G

galleta Keks **4**
gambitas Krabben **4**
ganas Lust **4**
gasolina Benzin **1**
gas Sprudel **4**

gasolinera Tankstelle **1**
generoso/a großzügig **4**
gente Leute **3, 4**
gimnasio Fitness-Center **5**
gordo/a dick **5**
gracias danke **1**
Gran Vía Hauptstraße **8**
grande groß **4**
grave schlimm **5**
grupo de teatro Theatergruppe **3**
guapo/a hübsch **3**
güisqui con soda Whisky mit Soda **4 L**
gustar gefallen **2**

H

haber haben **4**
habitación Zimmer **1**
hablar sprechen **2**
hable sprechen Sie **1**
hacer machen **4**
hace calor es ist heiß **1**
hace frío es ist kalt **1**
hace mucho vor langem **4**
hace muchos años seit langer Zeit **3 L**
hace tres semanas vor drei Wochen **5**
hacer caso beachten/hinhören **7**
hacer falta fehlen **3**
hacer preguntas Fragen stellen **6**
hacer una dieta eine Diät machen **5**
haga el favor de tun Sie (mir) den Gefallen **8**
hambre Hunger **4**
harto über(drüssig) **4**
hasta ahora bis jetzt **6**
hay de todo es gibt von allem **3**
hay es gibt **1**
hay que man muß **5**
hecho gemacht **5**
helado Eis **1**
hermana Schwester **3**
hijo/a Sohn/Tochter **6**
hinchado/a geschwollen **5**
hola hallo **3**
holandés holländisch **8**
hombre Mann **3**
hora Stunde **4, 5**
horno Ofen **4**
horroroso/a gräßlich **3**
hospital Krankenhaus **5**
hotel Hotel **1**
hoy no heute nicht **1**
huelga Streik **8**
huevos fritos Spiegeleier **4**
huevos Eier **2**

I

ida y vuelta Hin- und Rückfahrt **2**
idea Idee **3**
iglesia Kirche **1**
igual gleich **7**
ilegal illegal **2**
importar wichtig sein **2**
importar un bledo schnurzpiepegal sein **7**
impresión Eindruck **7**
infección Entzündung **5**
informar informieren **8**
ingeniería Ingenieurswesen **3**
ingeniero ruso russischer Ingenieur **3 L**
inglés englisch **2**
inscribirse sich einschreiben **8**
inscripciones Einschreibungen **8**
instrucciones para Anleitungen zu **3**
integral Voll-, Vollkorn **2**
inteligente intelligent **3 L**

interés Interesse **3**
interesante interessant **6**
invitado/a eingeladen **3**
invitar einladen **4**
ir a gehen zu/nach **2**
ir de vacaciones in Urlaub fahren **6**
ir en metro mit der U-Bahn fahren **6**
irle bien a alguien jemandem gut bekommen **5**

J

jarabe Sirup/Hustensaft **5**
jardín Garten **3**
jarra Krug **4**
jefe Chef **3**
jolines ‹ › verdammt **7**
joven jung **7**
juerga Rambazamba **7**
jugar spielen **4**
junio Juni **8**
junto/a zusammen **3**

K

kilo Kilo **2**
kilo y medio eineinhalb Kilo **2**

L

la die **1**
lado Seite **1**
las cinco fünf Uhr **3**
lata Dose **7**
lavadora Waschmaschine **3**
le ihm/ihr/Ihnen **2 L, 5**
leche del día Frischmilch **2**
lechuga Salat **4**
lejos weit entfernt **1**
levantarse aufstehen **5**
leyendo lesend **7**
libro Buch **5**
ligar ‹ › anbändeln, anmachen **3**
limpiar saubermachen **5**
línea Linie **5**
lo que pasa es was los ist, ist **4**
lo que tú quieras was du willst **3**
lo siento tut mir leid **1**
loco verrückt **3**
Londres London **3**
luego später **1**
lugar Stelle **7**

LL

llamar rufen/anrufen **1, 5**
llamarse heißen **3**
llave Schlüssel **7**
llegar ankommen **3**
llevar bringen **1**
llevar dentro drin sein in etwas (z. B. im Auto) **8**
llevar dinero Geld bei sich haben **2**
llevar media hora seit einer halben Stunde **4**

M

macedonia Obstsalat **4**
madalenas Biskuitteilchen **2**
madre Mutter **3**
maleta Koffer **8**
malo/a schlecht/übel **5**
mandar schicken **3**
mandar por schicken mit ... **8**
manera Art und Weise **3**
mano Hand **3**
mantequilla Butter **4**
manzana Apfel **4**

manzanilla Kamillentee **5**
mañana por la mañana morgen früh **1**
mañana por la noche morgen abend **2**
mañana voy otra ve: morgen komm ich wieder **L 5**
máquina Maschine **5**
maravilla Wunder **5**
marca Marke **3**
marcharse weggehen/ziehen **7 L**
mareos Übelkeit **5**
marido Ehemann **4**
más mehr **2**
más despacio langsamer **1**
más o menos mehr oder weniger **8**
masaje Massage **5**
masajista Masseur **5**
matar umbringen **3**
matemático Mathematiker **3 L**
matrícula Einschreibung **3**
me mir, mich **3**
me llevo ich nehme (kaufe) **2**
médico Arzt **1**
medio kilo ein halbes Kilo **2**
mejillón Muschel **2**
mejor besser **8**
mejorar bessern **5**
melocotones Pfirsich **4**
melones Melonen **2**
menor nicht volljährig **8**
menos weniger **8**
mensajero Bote **8**
mercadillos Wochenmarkt **2**
mercado Markt **2**
merecer la pena die Mühe lohnen **7**
merluza Seehecht **2**
merluza a la vasca Seehecht auf baskische Art **4**
mermelada Marmelade **4**
mes Monat **6**
mesa Tisch **4**
meter setzen/stellen/legen **3**
metro U-Bahn **6**
mientras währenddessen **4**
minuto Minute **1**
mí mich **2**
mi mein **3**
mío/a mein **7**
mira mamá schau Mami **1**
mismo/a selbst/gleich **3**
mitad Hälfte **2**
moda Mode **4 L**
modelo Mannequin **4 L**
molestar stören **7**
momento Moment **2**
monedas Münzen **1**
Montferrant (gute) Sektmarke **3**
moreno/a braun (Haut) **5**
morir sterben **5**
morirse sterben **4**
mover bewegen **5**
muchas gracias vielen Dank **1**
muchas veces oft **7**
mucho/a viel **3**
mujer Frau **5**
música Musik **7**
multinacional Multi **3 L**
muy sehr **1**

N

nacimiento Geburt **8**
nada de especial nichts Besonderes **8**
nada más nichts sonst **2**
nadie niemand **3**
naranja Orange **4**
nata Sahne **4**
natación Schwimmen **5**
necesitar brauchen **2**
negro dunkel/schwarz **3**

ni ... ni weder ... noch 2
ni hablar keine Rede **2**
ni idea keine Ahnung **1**
ningún/ninguna kein/e **1**
niño Kind **5**
no nein, nicht **1**
no hay problema kein Problem **2**
no importa ist nicht wichtig **2**
no me quedan hab keine mehr (im Geschäft) **2**
no se me quita das geht nicht weg (Schmerzen, Husten, Gedanke etc.) **5**
no sé ich weiß nicht **1**
nos uns **4**
nosotros wir **3**
noche Nacht **1**
normal normal **8**
normalmente normalerweise **6**
novio Bräutigam/Freund **3**
nuestro/a unser **3**
nuevamente wieder **6**
nuevo/a neu **2**
nunca nie **5**

O

o oder **1**
o ... o ... entweder ... oder ... **7 L**
ocho acht **2**
oeste Westen **6**
oferta Angebot **2**
oficina Büro, Amt **3**
oficina de empleo Arbeitsamt **8**
oficio Beruf **3**
oiga hören Sie **3**
olvidar vergessen **8**
ordenador Computer **8 L**
oriental orientalisch **2**
original originell **4**
original echt, ungefälscht **2**
os euch **6**
otra cosa was anderes **5**
otra vez wieder **2**
oye hör mal **2**
oyente Zuhörer **6**

P

padres Eltern **3**
pagar zahlen **4**
país Land **8**
pan Brot **2**
pan integral Vollkornbrot **2**
panadería Bäckerei **2**
pantalón Hose **2**
papel Papier **8**
paquete Karton **2**, Schachtel **3**
para für **3**
para colmo zum Gipfel **5**
para eso dafür **6 L**
para mí für mich **4**
para qué wozu **2**
paraíso Paradies **5**
parece que sí que es scheint doch, daß **8 L**
parecer scheinen **3**
pareja Pärchen **7**
pasado passiert **4**
pásame el pan reich mir das Brot **4**
pasar de einem egal sein **4**
pasar por vorbeigehen **3**
pasillo Flur **8**
pastelería de al lado Konditorei nebenan **2**
pasteles Süßwaren **5**
pastillas Tabletten **4**
patatas Kartoffeln **2**
patatas fritas Pommes frites **4**
paz Friede **4**

pedir hora: Termin machen **5**
película Film **6**
pena Mühe **7**
pensar denken **4**
perdido verloren **5**
perdón Entschuldigung **1**
perdonar entschuldigen **3**
perdone entschuldigen Sie **1**
perfectamente perfekt **7**
pero aber **2**
pero si aber doch **7**
pertenecer gehören **3**
pesado schwer **2**
pescado Fisch **4**
peseta Pesete **1**
picado gehackt **2**
pie Fuß **5**
piel Haut **5**
pierna Bein **5**
pila de años Haufen Jahre **3**
pintar las uñas Nägel lackieren **5**
piscina Schwimmbad **5**
piso compartido Wohngemeinschaft **7**
plato fuerte Hauptgang **4**
plato Teller/Gang **4**
playa Strand **3**
plaza Platz **1**
poco wenig, bißchen **1**
poco/un poco etwas/wenig **1, 3**
poder können **3**
policía Polizei **4**
políticamente politisch **6**
poner setzen/stellen/legen **2**
poner (me pone) geben (im Geschäft) **2**
poner la mesa Tisch decken **4**
ponerse contento/a sich freuen **8**
ponerse moreno/a braun werden **5**
poquito klein wenig **2**
por ahí dort irgendwo **7**
por aquí hier irgendwo **1**
por eso deswegen **5**
por favor bitte **1**
por la mañana morgens **4**
por la noche am späten Abend, nachts **1 L**
por lo menos wenigstens **6**
por semana pro Woche **6**
por supuesto selbstverständlich **2**
por teléfono telefonisch **3**
por tu cuenta auf deine Kappe/freiberuflich **3**
porque weil **1**
porque es alemán weil er deutsch ist **1**
portugués portugiesisch **3**
postre Nachtisch **4**
potaje Suppeneintopf **4**
precio Preis **2**
preferir vorziehen **7**
pregunta Frage **8**
preguntar fragen **1**
preocuparse sich Sorgen machen **5**
preparado vorbereitet **4**
prestar leihen **4**
presupuesto Etat (Haushaltsgeld) **6**
primer erster **4**
primero zuerst **4 L**
principio Anfang **5**
probar probieren **4**
problema Problem **2**
producción Produktion **4 L**
producir produzieren **5**
pub Edelkneipe **6 L**
público öffentlich **1**

puchero Eintopf **2**
pueblo Dorf **1**
puedo probarme kann ich anprobieren **2**
puerros Lauch **4**
puerta Tür **3**
pues dann **1**

Q

que der/die/das/daß **1**
qué was **5**
qué aproveche guten Appetit **4**
qué barbaridad fürchterlich **2**
qué clase de was für ein/e ... **6**
qué hay hallo **3**
qué le doy was darf's sein **2**
qué lleva eso was ist da drin **4**
qué más quisiera yo was wollt ich mehr **5**
qué me cuentas was gibt's Neues **3**
qué pasa hallo **3**
qué tal hallo/wie geht's **3**
qué va überhaupt nicht **3**
quedar en verbleiben **3**
quedar bleiben **4**
quejar beklagen **6**
quemado/a angebrannt **4**
querer wollen/lieben **1**
querida/o liebe/r **6**
queso Käse **2**
quién wer **2, 5**
quinientas fünfhundert **2**
quinto fünfter **4**
quisiera wollte/n **5**
quitar wegnehmen/gehen **5**

R

radioactivo radioaktiv **3 L**
radiografía Röntgenbild **5**
rallado/a gerieben **4**
rápidamente schnell **4**
rapidísimo sehr schnell **8**
raro/a seltsam **7**
rato Weile **6**
recepción Empfang **1**
recetar verschreiben **5**
recibir erhalten **7**
recomendar empfehlen **4**
reconocer (wieder-) erkennen **3**
reducción Ermäßigung **8**
referirse sich beziehen auf **5**
regalo Geschenk **8**
regatear handeln **2**
relación Verhältnis **7**
relajante beruhigend **5**
remedio Mittel **6**
reserva Auslese **8**
resfriado Erkältung **5**
resguardo Quittung **8**
respirar atmen **5**
restaurante Restaurant **4**
resulta que es ist folgendes:... **8**
rico köstlich **4**
riesgo Risiko, Kasko **8**
robar stehlen **8**
rojo/a rot **2**
ropa Kleidung **8**
roto/a kaputt **5**
rubio/a blond **1**
rubio hell (Tabak) **3**
ruido Lärm **7**

S

saber wissen **4**
sabías que wußtest du, daß **8**
Sadurní katalanische Sektmarke **3**
sal Salz **4**
salida Ausgang **1**
salir raus-, weggehen **5**

salir por la noche abends ausgehen **6**
salir por kosten **3**
salud Gesundheit **5**
saludar grüßen **4**
sangría Sangria **3**
sardinas Sardinen **2**
sauna Sauna **5**
se le van ... en ... es gehen ihm ... drauf für ... **8**
se me ha olvidado ... ich hab ... vergessen **8**
sección de señoras Damenabteilung **2**
secreto/a geheim **3 L**
seguir folgen **7**
segundo/a zweite/r **4**
seguro/a sicher **7, 8**
seguro Versicherung **8**
seis sechs **2**
semana Woche **3**
semiseco halbtrocken **3**
señor Herr **1**
señora Dame **2**
sentarse en sich setzen **6**
sentir fühlen **5**
ser sein **2**
serio ernsthaft **4**
servir servieren **4,** zu gebrauchen sein **4**
setecientas siebenhundert **2**
setiembre September **8**
sí ja **1**
si falls **4**
si no andernfalls **4**
sido gewesen **5**
siempre immer **3**
siesta Mittagsschläfchen **6**
siete sieben **3**
sigue sin funcionar geht immer noch nicht **8 L**
simplemente einfach **7**
sin ohne **4**
síntoma Symptom **5**
sitio Ort/Platz **3**
sobre auf **7**
solario Sonnenbank **3**
soler hacer zu tun pflegen **6**
solo/a alleine **3**
sólo nur **2**
solucionar lösen **8**
sonar klingeln **3**
soportar ertragen **5**
soso/a lau **4**
su sein/ihr/Ihr **3**
súbete steig ein **3**
subir einsteigen **13,** hochgehen **7**
sucursal Filiale **8**
suegros Schwiegereltern **6**
suerte Glück **3**
supermercado Supermarkt **1, 2**
suplemento Zuschlag **8**
suyo/a sein/ihr/Ihr **8**

T

tabaco Tabak **3**
tacita Täßchen **6 L**
tal vez vielleicht **2**
talla Größe **2**
también auch **2 L**
tampoco auch nicht **6**
tan so **3**
tanto/a soviel/e **2**
tarde Nachmittag **3**
tarde spät **3**
tarifa Tarif **8**
tarta helada Eistorte **4**
taxi Taxi **1**
teatro Theater **3**
tele Fernsehen **7**
teléfono público Telefon (öffentlich) **1**
televisión Fernsehen **6**
temer fürchten **8**
tener haben **6**
tener cosas que hacer zu tun haben **4**
tener derecho recht haben **7**
tener fondos gedeckt sein (Scheck) **8 L**
tener que müssen **5**
tenis Tennis **5**
tensión Blutdruck **5**
tercer /-a dritte/r **3**
terminar beenden **4**
terminar de zu Ende gehen **7**
tesoro Schatz **4**
ti dir/dich **5**
tiempo Wetter, Zeit **1**
tiempo de nada Zeit zu nichts **4**
tienda Geschäft **1**
tipo Art **5**
tocar spielen **2 L**
tocarle a uno/a an der Reihe sein **7**
toda la noche die ganze Nacht **7**
todavía noch **4**
todo alles **2**
todo derecho immer geradeaus **8**
todo junto alles zusammen **4 L**
todo tipo de alle Art von **5**
todos/as alle **7**
tomar café Kaffee trinken **2**
tomar una copa por ahí einen trinken gehen **6**
tomar nehmen **2**
tomarle la tensión Blutdruck messen **5**
tonterías Dummheiten **5**
tortilla Omelette / Eierkuchen **4**
tos Husten **5**
tostada Toast **4**
total kurz gesagt **2**
trabajar arbeiten **3**
traducir übersetzen **3**
traductor técnico technischer Übersetzer **3**
traer bringen **4**
tranquilamente ruhig **7**
tren Zug **1**
tres drei **6**
tres cuartos drei Viertel **6**
tu dein **3**
tú du **3**
turista árabe arabischer Tourist **2 L**
tuyo/a dein **8**

U

u (vor o-) oder **2**
uyyy uiii **2 L**
último/a letzte/r **2**
un ein **1**
un cuarto de ein Viertel von **2**
unas einige **2**
uña Fingernagel **5**
único einmalig **5**
unos einige **2**
usted Sie **1**

V

vacaciones Ferien **6**
vagabundo Vagabund **2 L**
vale okay/in Ordnung/ gebongt **1**
valer wert sein **2**
vamos a comprar gehen wir kaufen **2**
vamos a ver wir werden sehen **5**
vanguardia Avantgarde **4 L**
variar abwechseln **4**
vasco aus dem Baskenland **4**
vaso Glas (ohne Stiel) **3**
ver sehen **2**
vecino/a Nachbar **7**
ven komm **4 L**
vender verkaufen **2**
venga ya komm schon, Mann **3**
venga kommen Sie **4**
venido gekommen **4**
venir kommen **3**
venirse kommen **2**
ventanilla Fenster **8**
veo ich sehe **4**
ver sehen **2**
ver la televisión fernsehen **6**
verdad Wahrheit **5**
verde grün **2**
vergüenza Schande, Scham **5**
vestido Kleid **2**
veterinario Tierarzt **1**
vez mal **2**
viaje Reise **2**
vichysoise Vichysoise **4**
vida Leben **6**
vídeo Video **6**
vientre Bauch **5**
vino Wein **2**
violín Geige **2 L**
visitamos wir besuchen **1 L**
visto gesehen **4**
vivir leben **1**
volver zurückkommen **4**
volverse loco verrückt werden **3**
vómitos Brechreiz **5**
vosotros ihr **3**
vuelta Rückfahrt **2**
vuestro/a euer **3**

Y

y und **1**
y eso wieso? **3**
ya schon **2**
ya está Schluß jetzt **4**
ya falta poco es ist gleich soweit **4**
ya no nicht mehr **2**
ya voy ich komme schon **4**
yo ich **2**
yo que sé keine Ahnung **6**

Z

zorro der Fuchs **3 L**
zumaya Zwergohreule (Die kommt in diesem Buch nirgendwo vor, aber so steht der arme Fuchs nicht zu nahe an «Saft»)
zumo Saft **4**

SOLUCIÓN

TEMA 1

1. Nachhaken

1. ¿Dónde? **2.** ¿Cuánto? **3.** ¿Dónde? **4.** ¿Dónde? **5.** ¿Adónde? **6.** ¿Adónde?

(Wer nicht richtig versteht, kann natürlich auch nachhaken: **¿cómo?** oder **no entiendo, hable despacio** etc.)

2. Ich nix verstehen

1. Despacio, por favor. **2.** No entiendo. **3.** ¿Por favor? **4.** ¡Hable despacio! **5.** ¿Cómo?

3. *¿Dónde está ...?*

1. en la plaza **2.** en el centro (de Itrabo) **3.** a la izquierda del hotel **4.** en la plaza **5.** a la izquierda de la farmacia **6.** a cuatro (4) kilómetros **7.** en la calle

4. *¿Qué ves en el mapa?*

1. un hotel, una farmacia y un bar **2.** la farmacia **3.** el bar (oder la farmacia) **4.** una cabina telefónica **5.** hay un hotel, una farmacia, un bar, una cabina telefónica, ...

5 *¿El o la?*

la farmacia, el bar, el dinero, el aeropuerto, la tienda ,la plaza, la habitación, el congreso, la iglesia, el pueblo.

6 *¿Un o una?*

un avión, una noche, un hotel, una calle, un tren, una salida, un minuto, un teléfono, un cambio, una gasolinera, un veterinario, un señor, un alemán, una alemana.

7. Wie ist die Mehrzahl?

1. las cabinas **2.** dos cabinas **3.** los congresos **4.** las calles **5.** dos teléfonos **6.** los tiempos **7.** dos monedas **8.** las habitaciones (ohne Akzent!) **9.** dos hoteles **10.** los bares **11.** las salidas **12.** dos plazas **13.** los estadios **14.** los trenes **15.** dos médicos **16.** dos españoles.

8. *Nein-Sagen*

1. No, no vamos al aeropuerto. **2.** No, no hay un autobús a Molvízar. **3.** No, no el hotel no está completo. **4.** No, el tren no es caro. **5.** No, no hace calor en Sibiria. (Sibirien) **6.** No, el «Bar Pesetas» no está lejos. **7.** No, no cogemos un taxi.

9. *Aquí no hay ...*

1. ningún bar **2.** ninguna iglesia **3.** ninguna farmacia **4.** ningún hotel **5.** ninguna gasolinera **6.** ningún tren **7.** ningún aeropuerto **8.** ningún pueblo **9.** ninguna tienda **10.** ningún teléfono **11.** ninguna discoteca.

10. *La forma del verbo*

ir – **1.** vamos **2.** va **3.** voy **4.** vais **5.** van **6.** va **7.** va.
tener – **1.** tiene **2.** tengo **3.** tiene **4.** tenemos **5.** tiene **6.** tenéis.
ser – **1.** es **2.** soy **3.** Eres **4.** Somos **5.** es **6.** es.

11. ***Ir* + Zeitangaben**

du + ich

1. ¿Cuándo vas a Madrid? – Mañana voy a Madrid. **2.** ¿Cuándo vas a Sevilla? – Esta noche voy a Sevilla. **3.** ¿Cuándo vas a Alemania? – Hoy voy a Alemania. **4.** ¿Cuándo vas a Barcelona? – Mañana por la noche voy a Barcelona. **5.** ¿Cuándo vas a Toledo? – Mañana por la mañana voy a Toledo.

ihr + wir

1. ¿Cuándo vais a España? – Hoy vamos a España. **2.** ¿Cuándo vais a Bilbao? – Mañana por la mañana vamos a Bilbao. **3.** ¿Cuándo vais a Nueva York? – Esta mañana vamos a Nueva York. **4.** ¿Cuándo vais a Moscú? – Mañana por la noche vamos a Moscú. **5.** ¿Cuándo vais a Colonia? – Mañana vamos a Colonia.

13. Wie hieß das gleich noch?

Perdón – ¿Está lejos? – Es un poco complicado. – En la calle – ¿Puedo llamar por teléfono? – ¡Hable despacio! – No tengo tiempo. – El hotel está completo. – Hace frío. – Ahora no. – ¿Hay una farmacia por aquí?

TEMA 2

1. *Pon el accento correcto*

1. mamá **2.** aquí **3.** el pantalón **4.** ¿para qué? **5.** la habitación **6.** el avión **7.** ¿está lejos? **8.** perdón **9.** el café **10.** el médico **11.** ¿adónde vamos? **12.** un alemán **13.** el teléfono público **14.** inglés **15.** el día **16.** sólo

2. *Pregunta por el precio*

1.Ciento veinte pesetas **2.** novecientas pesetas **3.** quinientas pesetas **4.** tres mil pesetas **5.** doscientas pesetas **6.** trescientas pesetas **7.** cuatrocientas pesetas **8.** mil ochocientas pesetas **9.** cincuenta mil pesetas **10.** ciento diez pesetas **11.** cinco mil pesetas.

4. Welches Wort paßt nicht?

1. farmacia **2.** cerveza **3.** estadio **4.** huevos **5.** empezar (endet auf **-ar**) **6.** doy.

5. Auf dem Markt

1. Me da un kilo de merluza. **2.** Me da medio kilo de sardinas. **3.** Me da una docena de huevos. **4.** Me da kilo y medio de patatas. **5.** Me da medio kilo de café. **6.** Me da una caja de leche. **7.** ¿Le doy un melón? **8.** ¿Le doy cuarenta huevos? **9.** ¿Le doy un vino blanco? **10.** ¿Le doy un pan? **11.** ¿Le doy una bolsa de bizcochos? **12.** ¿Le doy una barra de pan?

6. Vorschlagen/bitten, etwas zu tun

1. Me da medio kilo de merluza. **2.** Vamos a tomar un café. **3.** ¿Puedo probarme el pantalón? **4.** ¿Cuánto vale la ida y vuelta a Lanzarote? **5.** Vamos a comprar. ¿Te vienes? **6.** Las patatas son muy caras. **7.** Sólo llevo dos mil pesetas.

7. Übersetzung

1. Mañana voy a Santiago. **2.** Voy en avión **3.** ¿Qué? Vas en avión? **4.** Por supuesto – tengo poco tiempo. **5.** Mañana vamos a Valencia. **6.** ¿Vais en avión? **7.** No, vamos en tren. **8.** ¿Por qué vais a Valencia **9.** Porque trabajamos allí. **10.** ¿Qué trabajáis? **11.** Vamos a vender casetes en un mercadillo.

8. *Formar frases lógicas*

a5i – b4f – c8c – d1g – e7e – f9d – g3b – h6a – i2h

9. *Completar ...*

trabajo, trabajas, trabaja, trabajamos, trabajáis, trabajan – como, comes, come, comemos, coméis, comen – discuto, discutes, discute, discutimos, discutís, discuten – tengo, tienes, tiene, tenemos, tenéis, tienen – doy, das, da, damos, dais, dan.

10. ***Aquí falta el verbo***
está – tiene – necesitamos – vamos – tengo – importa – tengo – vamos

11. Aus zwei mach eins:
1. No tenemos ni merluza ni sardinas **2.** Amador no necesita ni un pantalón rojo ni un violín nuevo. **3.** En la agencia no venden billetes ni a Ibiza ni a Canarias. (auch möglich: ni billetes a Ibiza ni billetes a Canarias) **4.** Aquí ni regateamos ni discutimos. **5.** En los mercadillos no venden ni gasolina ni helado. **6.** No compro ni café ni leche.

12. ***¿Cómo se escribe en letras?***
uno – once – cero – diez – catorce – cinco – veintiuno – cincuenta y cuatro – nueve – doce – veintinueve – cien – treinta y cinco – ochenta y nueve – noventa y ocho.
29 – 8 – 5 – 100 – 50 – 43 – 92 – 6 – 16 – 88 – 77 – 11 – 15 – 67.

13. ***combinar*** **– kombinieren**
1. la leche fresca **2.** el pantalón nuevo **3.** el vino claro **4.** el congreso ilegal **5.** la merluza bien pesada 6. la cabina roja **7.** el billete falso **8.** la habitación barata **9.** la pastelería española **10.** la tienda buena **11.** el problema complicado **12.** la noche oriental **13.** el bazar alemán **14.** el tiempo bueno **15.** el hotel caro **16.** el bar original **17.** la cerveza barata **18.** el vestido verde **19.** el pan integral **20.** la última moda (!)

TEMA 3

1. ***Saludos*** (Die folgenden Lösungen sind Vorschläge, es gibt auch andere Möglichkeiten)
1. P: Hola Carmen. P: Bien, ¿y tú? **2.** I: Hola I: Bueno, no hay nada nuevo ... **3.** V: Buenas tardes, señor. G: ¿Cómo está usted? G: Bien. **4.** P: Vale.P: Hasta mañana. **5.** I: Me voy. P: Adiós Isabel. **6.** V: Buenas noches, señora. G: Adiós.
2. ***¿Quién es?***
1. abuelo **2.** tía **3.** abuelos **4.** primo **5.** tíos **6.** tíos **7.** hermanos **8.** hermano, yo.

3. Aufforderungen

1. Dígame **2.** Perdone.**3.** Vamos **4.** Espera un momento. Ahora voy. **5.** Oiga.

4. *El pronombre en acusativo*

1. ¿Compras el vestido? No, no **lo** compro. **2.** ¿Compras los billetes? No, no **los** compro. **3.** ¿Compras la carne picada? No, no **la** compro. **4.** ¿Compras los discos? No, no **los** compro. **5.** ¿Compras las sardinas? No, no **las** compro. **6.** ¿Compras el vino? No, no **lo** compro. **7.** ¿Compras las madalenas? No, no **las** compro. **8.** ¿Compras los casetes de música? No, no **los** compro. **9.** ¿Compras el champán francés? No, no **lo** compro. **10.** ¿Compras la leche? No, no **la** compro.

5. Reflexive Verben

1. se llama **2.** Te vienes **3.** me subo **4.** Nos tomamos **5.** os venís **6.** te llamas **7.** me llamo **8.** me vuelvo **9.** se toma **10.** se vienen.

6. *Ensalada de palabras*

1. Las patatas nuevas valen 50 pesetas por kilo. **2.** Yo tengo un SEAT Ibiza blanco. **3.** Los vinos semisecos no me gustan. **4.** Luis traduce instrucciones para aparatos electrodomésticos. **5.** A mí no me manda nadie a ninguna parte. **6.** La tercera botella está en el congelador. **7.** Isabel está morena porque sus padres tienen un solario. **8.** Amador tiene un billete de diez mil y necesita un pantalón rojo.

8. *Explica la diferencia*

1. Er sieht immer gut aus. – Er hat sich in Schale geworfen.
2. Frisch aus der Fabrik – Wie neu, sehr gut erhalten.
3. Sie hat einen bösen Charakter. – Ihr ist schlecht.
4. Ein dunkler Typ – Braun gebrannt.

10. *¿La forma correcta de ser o estar?*

1. estamos **2.** es **3.** está **4.** es **5.** soy **6.** Estoy **7.** estás **8.** es/está **9.** es **10.** está/Está **11.** es **12.** somos **13.** está **14.** somos **15.** está

11. ***Poner en orden***

1e5 – 2h2 – 3f3 – 4c8 – 5g1 – 6b6 – 7d7 – 8a4.

12. Konjugieren Sie im Heft

– Pertenezco, perteneces, pertenece, pertenecemos, pertenecéis, pertenecen
– encuentro, encuentras, encuentra, encontramos, encontráis, encuentran
– salgo, sales, sale, salimos, salís, salen
– quiero, quieres, quiere, queremos, queréis, quieren
– reconozco, reconoces,reconoce, reconocemos, reconocéis, reconocen
– me vuelvo loco (Frauen sagen loca), te vuelves loco, se vuelve loco, nos volvemos locos (nur Frauen: locas), os volvéis locos, se vuelven locos.

TEMA 4

I. ***Pon las siguientes frases al préterito perfecto.***

1. Esta mañana ha empezado el congreso. **2.** Hemos ido en taxi al banco para cambiar dinero. **3.** He ido a comer con un colega. **4.** Esta semana Amador ha dado conciertos en la calle. **5.** Le gente le ha dado mucho dinero. **6.** ¿Has hablado con el director? **7.** No hemos discutido el problema. **8.** En la fiesta los esnobs han tomado wodka y han comido hamburguesas. **9.** ¡Uyyy, tu champán se me ha subido a la cabeza. **10.** Este año Alfonso ha vivido y trabajado en Barcelona. **11.** Héctor y Lola se han encontrado en un restaurante. **12.** Te lo he preguntado.

3. ***Pon las flechas***

1d8 – 2f1 – 3h2 – 4a7 – 5g3 – 6b4 – 7e5 – 8c6.

4. ***Pepa cuenta …***

1. he desayunado **2.** ha venido **3.** hemos salido **4.** hemos comprado **5.** ha pagado **6.** ha tomado, ha hablado **7.** han llamado, ha tenido.

5. ***¿Cómo se dice en alemán?*** (Sie finden hier Vorschläge für eine freie Übersetzung)

1. Ich rauche schon lange nicht mehr. **2.** Isabel hat den Tisch gedeckt. **3.** Ist der Eintopf fertig? **4.** Den ganzen Morgen habe ich zu nichts Zeit gehabt.

5. Manolito, iß nicht mit vollem Mund. **6.** Ich bin deine Launen leid! **7.** Laß mich in Ruhe. **8.** Sonst bin ich zu nichts zu gebrauchen. **9.** Du hast zu nichts Lust. **10.** Wir sitzen schon eine halbe Stunde hier an diesem Tisch. **11.** Ich mach' mir nichts aus Fisch. **12.** Der Thunfisch ist mit Reis, Butter und Orangen zubereitet. **13.** Guten Appetit! **14.** Ich esse, was mir Spaß macht. **15.** Bringen Sie uns bitte die Rechnung. **16.** Da steht alles.

6. ***Crucigrama***

1. Cuenta **2.** ligar **3.** difícil **4.** mandar **5.** trescientas **6.** cabina.
Lösungswort: Ni idea.

8. Sie fahren mit einem Freund

1. esta **2.** este **3.** estas **4.** este **5.** estos **6.** este

9. ***Pon el número correspondiente***

1. quinta **2.** cuarto **3.** tercera **4.** segundo, quinto **5.** primer **6.** sexto **7.** cuarta **8.** primera **9.** séptimo

11. ***¿Cómo se dice en español?***

1. Hoy he vendido nuestro coche. **2.** No hemos vivido en Alicante. **3.** ¿Has visto esa película? **4.** Te he servido un cocido fantástico y no te gusta. **5.** Camarero, ¡qué asco! Este atún está recalentado. **6.** Eres un capitalista.**7.** ¡Qué va! No tengo dinero. **8.** ¡Cuánto me gusta este arroz! **9.** Te llevo al aeropuerto.**10.** No gracias. Quiero tomar/coger un taxi.

TEMA 5

2. Reflexiv oder normal?

1. me siento **2.** encuentro **3.** se encuentra **4.** cansa **5.** se llama **6.** Me voy. **7.** llama **8.** vamos **9.** siento **10.** llama.

4. ***Pon las formas de todo, cada o nada ...***

1. toda la **2.** Cada **3.** Todos los **4.** nada/todo **5.** todo/nada **6.** todas las **7.** Todo **8.** Cada **9.** nada **10.** toda la **11.** Cada **12.** cada.

5. ***Aquí faltan los participios***

1. hecho **2.** dicho **3.** escrito **4.** visto **5.** puesto **6.** muerto **7.** abierto **8.** hecho.

7. ***Relaciona***
1c – 2h – 3e – 4g – 5a – 6f – 7b – 8d

9. ***Contesta con un pronombre***
1. Lo **2.** los **3.** lo **4.** Las **5.** lo **6.** los **7.** lo **8.** las

10. Vorschläge formulieren (Es gibt immer auch andere Möglichkeiten)
1. Vamos al restaurante. **2.** Vamos a comprar champán. **3.** ¿Por qué no haces una dieta? **4.** ¿Qué te parece, si pierdes cuatro kilos? **5.** ¿Qué te parece, si vas al médico? **6.** ¿Por qué no paga con un cheque? **7.** Vamos a la piscina. **8.** ¿Por qué no vamos al teatro mañana? **9.** ¿Por qué no se sube al coche? **10.** ¿Qué te parece si tomas una cerveza? **11.** No se preocupe. **12.** ¿Por qué no dejas de fumar? **13.** Vamos a comer una merluza a la vasca.

12. ***Traducción***
1. Me he caído por las escaleras. **2.** Me duele la pierna. **3.** Pido hora al médico. **4.** El médico me dice: No es nada grave. **5.** Manuela va a un gimnasio. **6.** Cada día pierde un kilo. **7.** Se mueve mucho. 8. Ahora se siente mejor.

TEMA 6

1. ***¿Qué hora es?***
Son las:

1. catorce / dos de la tarde **2.** quince y cinco / tres y cinco de la tarde **3.** veinte y diez / ocho y diez de la noche **4.** diez y veinte **5.** once y cincuenta y cinco / doce menos cinco 6. doce y cuarto / y quince (del mediodía) **7.** cuatro y cuarenta y cinco (de la mañana) **8.** diecinueve y treinta / siete y media de la tarde **9.** tres y cincuenta y tres **10.** cuatro y siete **11.** seis y ocho **12.** diecinueve y cincuenta y dos / ocho menos ocho de la tarde **13.** veintitrés y quince / once y cuarto de la noche veintidós y treinta y siete / once menos veintitrés de la noche.

4. ***Traducir***
1. A las nueve de la tarde me levanto. **2.** Por la noche trabajo. **3.** A las cinco en punto tomo un taxi. **4.** A las cinco y media llego a casa. **5.** A tiempo para la cena.

6. A media mañana me ducho. **7.** Por la tarde veo televisión. **8.** Un momento. Hay algo que no funciona.

5. ***¿Quién es?***

1. primo **2.** hijo **3.** hermana **4.** hermana, yo **5.** hija **6.** cuñados, (oder: mi hermana y mi cuñado, mi hermano y mi cuñada **7.** suegros.

6. ***Contesta negativamente***

1. No hay nadie. **2.** Yo no tengo dinero tampoco. **3.** No queda nada. **4.** No hay ningún Hotel Europa por aquí. **5.** No ha venido nadie. **6.** No te quiero tampoco. **7.** No me pasa nada. **8.** No hay ningúna biblioteca en esta calle.

8. ***Contesta negativamente***

1. Yo tampoco voy. **2.** Nadie la ha visto. **3.** Ninguno me gusta. **4.** No, nada. **5.** Yo tampoco tengo. **6.** Ningún colega ha estado en la fiesta. **7.** Nadie me quiere. (*Schluchz*)

10. ***Wie würden Sie ausdrücken ...?***

1. Mañana voy a hacer algo de deporte. **2.** Acabo de ver al señor Gutiérrez. **3.** (Me) voy a fumar un cigarillo. **4.** Acabo de tomar una cerveza. **5.** Voy a poner la mesa. **6.** Acabo de levantarme. **7.** Acabo de ver a Julia. **8.** Voy a traer la sopa. **9.** Acabo de oír que ha muerto el presidente. **10.** Voy a llamar a Juan. **11.** Acabo de llamar a Pedro. **12.** Voy a mirar en la cocina.

11. ***Llamas a Carmen.***

1. Carmen acaba de salir. **2.** Acaba de despertarse. Ahora se ducha. **3.** Acaba de salir al trabajo. Entra a las nueve y media. **4.** Ahora mismo va a volver.

TEMA 7

1. Resümee ...

Antes...

1. ...me querías **2.** ...nos hablábamos **3.** ...salíamos juntos **4.** ...me entendías **5.** ...me mirabas **6.** ...me comprabas joyas **7.** ...te gustaba **8.** ...me llevabas a comer por ahí **9.** ...me mandabas cartas de amor **10.** ...me servías el desayuno los domingos **11.** ...aguantabas mis caprichos **12.** ...fregabas los platos **13.** ...hacíamos el amor **14.** ...quería vivir contigo **15.** ...quería vivir.

2. *¿Cual es la forma del pretérito imperfecto?*

1. hablaba **2.** podías **3.** queríamos **4.** sentía **5.** teníais **6.** íbamos **7.** me llamabas **8.** compraban **9.** vendía **10.** te sentabas **11.** salía **12.** traducíais **13.** encontrábamos **14.** volvía **15.** veía **16.** éramos **17.** sabías **18.** daba.

3. *¿Cómo era antes?*

1. La gente estaba en la calle. **2.** No se veía tanto la televisión. **3.** Se vivía tranquilamente. **4.** Se trabajaba, pero la gente no tenía dinero. **5.** Había hambre y había alegría. **6.** Muchos no iban a la escuela y no tenían mucha cultura. **7.** Los hijos les tenían respeto a los padres.

5. *Aquí faltan los pronombres*

1. te lo **2.** te lo **3.** me lo **4.** se la **5.** se lo **6.** te lo **7.** te lo **8.** me lo **9.** me la **10.** te lo.

6. *La posición de los pronombres*

1. Quiero decirte una cosa. **2.** Me acaban de llamar mis suegros. **3.** Voy a mandaros el libro mañana. **4.** Estoy buscándolo (!) pero no lo encuentro. **5.** Quiero dártelo, pero no sé donde está. **6.** Lo siento señor, no puedo permitírselo. **7.** Señora Escribano, ¿no podemos llamarla por la tarde? **8.** Pedro ha dicho que vuelve a llamarnos a las ocho.

7. Drücken Sie sich kurz und bündig aus

1. Se liga mucho y se duerme poco. **2.** Se compran cosas malas y se paga mucho dinero. **3.** Se toma vino malo y se habla mucho. **4.** Se duerme mucho y se come bien. **5.** Se ve televisión y luego se va a la cama. **6.** Se busca un hotel y se desayuna un café con leche y croisssants.

8. *¿Qué está haciendo Paco ...?*

1. Paco está hablando con su novia. **2.** Está discutiendo un problema importante. **3.** Está pasando un momento agradable. **4.** Está leyendo un libro interesante. **5.** Está escuchando la radio. **6.** Está comiendo un bocadillo. **7.** Está fumando un cigarrillo. **8.** Está durmiendo (!) tranquilamente. **9.** Está preparando un exámen. **10.** Está escribiendo una carta. **11.** Está cerrando el libro. **12.** Está viendo la tele.

12. ***Traducción***

1. ¿Qué hacéis? Seguimos haciendo lo mismo. **2.** Me gusta tomar un güisqui. ¿Quieres uno también? **3.** No gracias, prefiero tomar café. **4.** Suele fumar setenta cigarrillos al día. **5.** Cada día le vuelvo a repetir que eso es malo. **6.** Acabo de ver una película estupenda. **7.** Siento no poder entender eso. **8.** Acabo de hablar con un amigo. **9.** Ahora mismo no tengo tiempo. Te voy a llamar en seguida.

TEMA 8

1. ***Pon los comparativos***

1. más **2.** mejor **3.** mayor **4.** mejor **5.** menos **6.** mayor / menor

3. ***Días y meses***

1. lunes **2.** sábado y domingo **3.** junio, julio y agosto **4.** sábado **5.** jueves **6.** diciembre, enero y febrero.

4. ***Relaciona***

1g – 2f – 3a – 4e – 5h – 6c – 7d – 8b.

4. ***Escribe con letras***

1. el dos de abril de mil novecientos sesenta y cuatro **2.** el diecisiete de junio de mil novecientos cincuenta y tres **3.** el veinte de julio de mil novecientos cuarenta y cuatro **4.** el doce de diciembre de mil doscientos doce **5.** el trece de octubre de mil novecientos noventa y dos **6.** el treinta de setiembre de mil novecientos treinta y nueve **7.** el veintinueve de febrero de mil setecientos sesenta y cuatro **8.** …

6. ***Preposiciones***

1. de las, a las **2.** antes de **3.** en **4.** a **5.** antes del **6.** hasta **7.** después del **8.** de **9.** Por **10.** para.

7. **Setzen Sie ins *pretérito imperfecto***

1. Sabía que en el banco no trabajaban. **2.** Tenía que llamar por teléfono.

3. Llevaba una carta urgente. **4.** Mi coche estaba en la calle Sotelo. **5.** Quería hacer una pregunta. **6.** No quedaban plazas. **7.** Era difícil encontrar un sitio. **8.** El señor no me podía informar. **9.** Había un problema. **10.** El compañero no estaba en este momento.

8. *Contesta con sí o con no*

1. No, no son suyos. **2.** Sí, es suyo. **3.** No, no es suya. **4.** Sí, son suyas. **5.** No, no es suyo. **6.** Sí, son suyos. **7.** No, no es nuestra.

9. *Traducción*

1. El niño ya sabe contar. **2.** Pagar, por favor. **3.** Siempre te metes conmigo. **4.** ¿Por qué se ha quedado en casa? **5.** Ibamos tres en el SEAT. **6.** Hemos quedado a las cuatro en la estación. **7.** Uyyy, eso me vuelve loco. **8.** Mi hermana se ha hecho médico. **9.** ¿No te sientes bien? **10.** ¿Qué? ¿Muerto? Lo siento.

12. Fragen Sie besonders betont

1. ¿El coche te pertenece a ti? **2.** ¿Lo que dice Luis os gusta a vosotros? **3.** ¿Juan le escribe una carta a ella? **4.** ¿Esto me lo dice a mí? **5.** ¿Yo te llamo a ti? **6.** ¿Esto no nos parece bien a nosotros? **7.** ¿El señor les pregunta a ustedes? **8.** ¿La comida no les gusta a ellas? **9.** ¿El jefe te da más dinero a tí? **10.** Carlos no me ha dicho nada a mí. **11.** ¿Yo le he visto a él?

CLAVE

Lösung und Auswertung der Wiederholungstests

Die Texte der Hörverständnisübungen stehen [in eckigen Klammern].

Test 1

1. ***Comprensión auditiva***
1. dinero **2.** frío **3.** autobús **4.** último **5.** español **6.** billetes **7.** en todas partes **8.** mitad **9.** vestido **10.** habitación

2. ***Comprensión auditiva***
1. 600 **2.** 7000 **3.** 500 **4.** 4-8-9-0-6 **5.** 2-5-7-1-3 **6.** 9 **7.** 15 **8.** 20.000 **9.** 12.200 **10.** 800 **11.** 700 **12.** 135 **13.** 4500 **14.** 50-42-15 **15.** 13-17-16 **16.** 85 **17.** 36 **18.** 750 **19.** 19.658 **20.** 4

3. Kreuzen Sie die richtige Antwort an:
1b. 2b. 3b. 4b. 5a. 6b. 7c. 8b. 9c. 10a. 11c.

4. Kreuzen Sie das fehlende, korrekte Wort an:
1c. 2c. 3c. 4b. 5c. 6b. 7b. 8c. 9b. 10c.

5. ***Comprensión auditiva***
1b [Vamos al aeropuerto]. **2a** [El hotel está en la plaza]. **3c** [Esta noche empieza el congreso]. **4c** [El disco de Paco de Lucía vale 2000 ptas]. **5a** [Aquí tengo un pantalón rojo].

Auswertung für Test 1

20 – 35 Punkte:
Phantastisch! Trotzdem sollten Sie sich noch mal die Vokabeln genauer anschauen und mit dem Zeigefinger der rechten Hand die Grammatik überfliegen. Bei den schwarzen Kästchen dann etwas einhalten. Zum Schluß dann noch mal die Dialoge durchgehen – dann steht einem deutlich verbesserten Wissensstand nichts mehr im Weg.

36 – 49 Punkte:
Phantastisch! Gar nicht so übel für den beschwerlichen Anfang. Analysieren Sie hre Fehlerquellen, schauen Sie nach, warum es anders richtig ist – der Rest kommt dann von selbst.

50 – 56 Punkte:
Phantastisch! Haben Sie einen spanischen Muttersprachler im Ohr, der souffliert? Verderben Sie sich's nicht mit ihm, er kann noch hilfreich sein!

Test 2

1. ***Comprensión auditiva***
1. la manzana **2.** apetecer **3.** la lechuga **4.** allí **5.** una vez **6.** el cocinero **7.** el ojo **8.** la tortilla **9.** el azúcar **10.** el queso **11.** cerrado **12.** la policía **13.** la naranja **14.** la jarra **15.** guapo **16.** la gente **17.** tercero **18.** el viaje

2. Welche ist die passende Antwort?
1b. 2b. 3a. 4b. 5b. 6a. 7b. 8c. 9c. 10b.

3. ***Comprensión auditiva***
1c. 2c. 3f. 4c. 5f. 6c. 7f. 8f.
[«¿Cómo estoy?, preguntas. Pues bien, pero estoy un poquito cansada. Ahora estamos a tope de trabajo. Pero la semana que viene voy a Londres. Me manda mi jefe a un cursillo. Es fantástico. ..... Ahora me voy a tomar algo. A ver lo que hay: cerveza, sangría, vino portugués, güisqui .... Bueno, me tomo un poco de sangría. A ver donde están los vasos ... Ahh, aquí en la cocina.»]

4. Kreuzen Sie das fehlende Wort an:
1c. 2c. 3b. 4a. 5b. 6b. 7c. 8c. 9b. 10c. 11c. 12b.

5. ***Ser* oder *estar*?**
1. está, está **2.** eres **3.** es **4.** estamos **5.** son **6.** estoy **7.** está **8.** es **9.** sois, sois **10.** están

6. ***El pretérito perfecto***
1. Mis abuelos han comido melocotones en almíbar. **2.** No me han gustado las películas americanas. **3.** Mi tío ha abierto un bar. **4.** José me ha invitado a comer.

5. La señora Escribano ha tenido muchas cosas que hacer. **6.** Nuestra hermana se ha quedado en casa. **7.** Luis me ha contado su vida. **8.** ¿Por qué no habéis venido?

Auswertung für Test 2

0 – 30 Punkte:
Phänomenal fiel dieser Test nicht gerade aus. Aber wir stehen ja noch ziemlich am Anfang. Also – jetzt wird ordentlich in die Hände gespuckt, wir steigern das Brutto-Studier-Produkt.

31 – 72 Punkte:
Phänomenal! Sie haben ganz okay abgeschnitten. Stecken Sie Ihre Nase trotzdem noch ein paar Zentimeter tiefer ins Buch, dann können Sie bis zum Ende des Schuljahres noch Primus werden.

72 – 81 Punkte:
Phänomenal! Super! Bärenstark! Sie dürfen sich fühlen wie jemand, der auf dem Jahrmarkt gerade einen riesigen rosa Teddybär gewonnen hat. Hoffentlich war's kein Zufall!

Test 3

1. ***Comprensión auditiva***
1. médico **2.** 8, 2, la tarde **3.** centro, media **4.** a tiempo **5.** venido **6.** respirar, tos **7.** fuma mucho **8.** tabaco **9.** paquetes **10.** de verdad, dejar **11.** comer más **12.** adelgazar

2. ***Comprensión auditiva***
1f. 2c. 3f. 4f. 5f. 6f. 7c. 8c. 9f. 10f.
[«Esta mañana me he levantado a las siete y media. He desayunado en casa y luego he tomado el metro para ir a la oficina. He entrado a las nueve en punto. A media mañana he salido con un compañero para tomar café en el bar de la esquina. Luego he vuelto a la oficina y he trabajado hasta las dos. A las dos he salido con el jefe para comer. Hemos tenido que hablar de una cosa importante. A las seis y media he terminado y he tomado el metro otra vez para volver a casa.

Después de la cena hemos visto una película interesante. A las once nos hemos ido a la cama. Así pasan todos los días de mi vida.»]

3. *Gramática*
1b. 2c. 3b. 4c. 5a. 6b. 7c. 8b. 9c. 10b. 11a. 12c. 13b. 14b. 15c. 16b.

4. Kreuzen Sie die passende Antwort an:
1a. 2b. 3b. 4c. 5a. 6b. 7b. 8b. 9a. 10b. 11b. 12c. 13b. 14a. 15c.

Auswertung für Test 3

0 – 12 Punkte:

¡Estupendo! Abe vieleis Sie solle nock es-tudire ain bisje mäh. Dann Sie macke weniga Fehla. Also, Sie braucke nuu ain bisje disciplina unn alle geht wundabaa.

13 – 47 Punkte:
¡Estupendo! Die paar kleinen Macken kriegen wir auch noch raus. Sie brauchen nur einen guten Optiker, der die Gläser schleift für die Brille, mit der man ganz genau hinsehen kann. Manchmal sollten Sie sich fragen: wie geht das eigentlich 100% genau?

48 – 53 Punkte:
¡Estupendo! Wann macke du so waita, du noo birs esreibe es-panise Roman oda novela. Aber bis dahin wird noch viel Sherry aus den Fässern von Jerez de la Frontera fließen.

Test 4

1. *Comprensión auditiva*
1c. 2f. 3c. 4c. 5f. 6f. 7f. 8c. 9c. 10f.
[Der gehörte Text ist der Anfang aus Tema 7 «entre amigas» und «poner las cartas sobre la mesa».]

2. *Comprensión auditiva*
1. piso compartido **2.** ni se friega **3.** trae, en seguida **4.** compañeros **5.** tiene que estudiar **6.** entre amigos **7.** a otro sitio **8.** muy agradable

3. Welches Wort paßt? Machen Sie ein Kreuzchen:
1b. 2c. 3a. 4b. 5a. 6c. 7b. 8c. 9b. 10a. 11c. 12c. 13b. 14b. 15a. 16c. 17c. 18c.

4. Wie lautet die einzig sinnvolle Antwort?
1a. 2a. 3c. 4b. 5c. 6a. 7a. 8c. 9a. 10a. 1c. 12c. 13b. 14c. 15c. 16c. 17b. 18c. 19c. 20b.

Auswertung für Test 4

0 – 8 Punkte:
¡Superbueno! ist dieser Test für Sie überhaupt nicht ausgefallen, eher «fatal» bis nicht berühmt. Konsultieren Sie einen guten Lehrer, und lassen Sie sich von ihm/ihr auf die Sprünge helfen.

9 – 32 Punkte:
¡Superbueno! – davon kann auch für Sie noch keine Rede sein. Vielleicht legen Sie mal ein kompaktes, intensiveres Wochenende zum Nachholen und Vertiefen ein. Und vielleicht buchen Sie mal eine Reise nach Mexiko oder Nicaragua. Die Aussicht, sich bald auf Spanisch verteidigen zu müssen, wirkt motivierend.

33 – 50 Punkte:
¡Superbueno! wäre übertrieben, aber «regular» bis muy bien ist der Test für Sie ausgefallen. Hören Sie sich die Cassette noch ein paarmal an, käuen Sie die letzten drei Lektionen wieder, nehmen Sie das Buch mit in die S-Bahn, den Intercity, ins Wartezimmer oder ins Seminar. Wer sich berieseln läßt, bei dem bleibt auch was hängen.

52 – 56 Punkte:
¡Superbueno!, im Ernst! Jetzt noch den zweiten Band mit der gleichen disciplina und einen zweimonatigen Kurs in Spanien, Kolumbien oder Feuerland, dann steht Ihrer Kandidatur zum «Premio Cervantes» nichts mehr im Weg.

57 bis 60 Punkte:
¡Superbueno! Sie sind ein Genie !

Ortografía y pronunciación
Rechtschreibung und Aussprache

Zuerst einiges, das im Spanischen ganz anders ist als im Deutschen:

1. Es gibt keine doppelten Konsonanten.
2. Es gibt keine Umlaute (**ä**, **ö**, **ü**).
3. Es gibt kein **ß** und, außer in Fremdwörtern, kein **w**.
4. **ch**, **ll** und **rr** sind eigene Laute und werden nicht getrennt. **ch** und **ll** stehen in Alphabet und Wörterbuch hinter **c** und **l**.

Die Vokale **a**, **e**,**i**,**o**, **u** werden meist kurz gesprochen. Die Endungen auf **-ado**, **-ido** etc. werden aber z.B. lang gesprochen. Konsonanten kommen nicht oft gehäuft hintereinander vor. Die Verschlußlaute **b**, **d**, **g**, **p**, **t**, **k** werden weniger stark gestoßen und haben keinen Hauch im Auslaut.

¡Ojo!
c und **g** werden je nach Vokal, der folgt, anders gesprochen.

geschrieben	gesprochen
a	[a] offen (dt. Kn**a**ll, M**a**l)
b	**1.** im Anlaut [**b**]
	2. intervokal [**b**-**v**] bilabial wie **b**, schwach gehaucht wie **v**
c	[**th** oder **k**]
ce, ci	**1.** [**the**, **thi**] (engl.)
ca, co, cu	**2.** [**ka**, **ko**, **ku**]
ch	[**tsch**] russ. Gorba**tsch**ov
d	**1.** [**d**] im Anlaut (dt. **d**ick)
	2. [**d–th**] intervokalisch mit Zungenspitze an Oberzähnen
	3. [**th** –] wie leichtes **th** oder unhörbar

e	[**e**] dt. schn**e**ll oder F**ä**hre
f	[**f**]
g	[**ch, g**]
ge, gi	**1.** [**che, chi**] dt. Bu**ch**
ga, go, gu	**2.** [**ga, go, gu**] dt. **G**ustav
gue, gui	**3.** [**ge, gi**] dt. **G**iessen
h	[ ] bleibt immer stumm
i	[**i**] dt. v**i**er, m**i**r
j	[**ch**] dt. Bu**ch**
k	[**k**] kommt nur in Fremdwörtern vor
l	[**l**] dt. **l**ahme **L**ust
ll	[**j** oder **lj**] meist wie dt. **J**ammer
m	[**m**] dt. **M**acho
n	[**n, ng**] **1.** [**n**] im Anlaut wie **N**ummer **2.** [**ng**] vor **c**, **g**, **qu**, **j** dt. Ma**n**gel
ñ	[**nj**] wie ital. Bolo**gn**a, frz. Champa**gn**e
o	[**o**] dt. W**o**nne, W**o**rte
p	[**p**] wie **P**o**p**o, aber weniger stark gehaucht
q	[**k**] dt. **K**ilo, kommt nur als **que** und **qui** vor
r	[**r**] mit Zungenspitze gerollt, am Wortanfang wie **rr**
rr	[**rr**] doppelt gerollt
s	[**s**] dt. Flu**ß**, aber ohne Lippenspannung
t	[**t**] dt. **T**in**t**e, aber weniger gehaucht
u	[**u**] dt. **U**h**u**
v	[**b-v**] identisch mit spanischem **b**
w	[**w**] dt. **W**agen oder engl. **w**ater
x	[**ks, gs** oder **s**] umgangssprachlich meist wie **s**
y	[**j**] **J**ohann
z	[**th**] wie engl. **th**underbird

Nie, auch nicht im Auslaut wird **ẹ** stumm gesprochen wie dt. Amm**e**.

Deletrear
Buchstabieren

Me llamo Luis Llorente: ***elle – o – erre – e – ene – te – e***

a	***a***	k	***ka***	rr	***erre doble***
b	***be***	l	***ele***	s	***ese***
c	***ce***	ll	***elle***	t	***te***
ch	***ce hache, che***	m	***eme***	u	***u***
d	***de***	n	***ene***	v	***uve***
e	***e***	ñ	***eñe***	w	***uve doble***
f	***efe***	o	***o***	x	***equis***
g	***ge***	p	***pe***	y	***y griega***
h	***hache***	p	***pe***	z	***zeta***
i	***i***	q	***cu***		
j	***jota***	r	***erre***		

Häufige Rechtschreib-Fehler sind für manche Spanier die Verwechslung von **ll** und **y**, **b** und **v** und für Andalusen und Südamerikaner außerdem **z** und **s** (der **th**-Laut wird in Teilen von Andalusien auch für **s** in Südamerika überhaupt nicht gesprochen. D.h. jedes **z** und **ce** und **ci** klingt wie **s**.

Fotonachweis

Christof Kehr 37, 75, 160, 178/179
Ditta U. Krebs 59
StefanieSchikora 4/5, 14/15, 38/39, 66/67, 96/97, 146, 148/149, 200/201
Hans Werner Schläfer 94,126/127,170,199

GRAMÁTICA S.A.

Grammatik & Co

Verzeichnis der wichtigsten grammatikalischen Strukturen, konjugierten Verben und Sprechformeln

Die Zahl steht für die Seite, auf der das Stichwort behandelt wird.

Französisch

Französisch von Anfang an. Ein Sprachkurs nah an der Umgangssprache und dem französischen Alltag.

Armelle Damblemont / Petra Preßmar
Français Un *Französisch reden und verstehen. Ein Grundkurs*
(rororo sachbuch 9106)

Français Un *Toncassette Zum Auffrischen, Vertiefen und Ergänzen für mehr oder minder Sprachgewandte*
(rororo sachbuch 9107)

Claire Bretécher / Isabelle Jue/ Nicole Zimmermannn
Le Français avec les Frustrés *Ein Comic-Sprachhelfer*
(rororo sachbuch 8423)
Plus de Français avec les Frustrés *Ein Comic-Srachhelfer*
(rororo sachbuch 8539)

Ahmed Haddedou
Questions grammaticales de A à Z *Tout ce que vous avez toujours voulu savoir sur la grammaire sans jamais oser le demander*
(rororo sachbuch 8445)

Robert Kleinschroth
La Conversation en s'amusant *Sprechsituationen mit Witz gemeistert*
(rororo sachbuch 8873)

Robert Kleinschroth / Dieter Maupel
La Grammaire en s'amusant *Wichige Regeln zum Anlachen*
(rororo sachbuch 8714)

rororo sprachen

Marie-Thérèse Pignolo / Hans-Georg Heuber
Ne mâche pas tes mots *Nimm kein Blatt vor den Mund! Französische Redewendungen und ihre deutschen Pendants*
(rororo sachbuch 7472)

Jacques Soussan
Pouvez-vous Français? *Programm zum Verlernen typisch deutscher Französischfehler*
(rororo sachbuch 6940)

rororo sprachen wird herausgegeben von Ludwig Moos. Das Gesamtverzeichnis der Reihe finden Sie in der *Rowohlt Revue*. Jedes Vierteljahr neu. Kostenlos in Ihrer

3451/1

Europa

Günter Roland
Amsterdam *Ein Reisebuch in den Alltag*
(rororo sachbuch 7506)

Zitty /Hg.)
Berlin *Ein Reisebuch in den Alltag*
(rororo sachbuch 9061)

Zitty Hg.)
Planbuch Berlin *Stadtplan mit Kurzinfos*
(rororo sachbuch 7581)

Günter Liehr
Paris
(rororo sachbuch 9060)

Günter Liehr
Südfrankreich
(rororo sachbuch 7582)

D. Beckmann / U. Strauch
Elsaß *Ein Reisebuch in den Alltag*
(rororo sachbuch 7585)

I. Jue / N. Zimmermann
Sprachbuch Frankreich
(rororo sachbuch 7520)

Michael Kadereit
Großbritannien *Ein Reisebuch in den Alltag*
(rororo sachbuch 9064)

Jürgen Schaufer
London
(rororo sachbuch 9075)

Christoph Potting / Annette Weweler
Irland *Ein Reisebuch in den Alltag*
(rororo sachbuch 9062)

E. O'Sullivan / D. Rösler
Sprachbuch Großbritannien / Irland
(rororo sachbuch 7564)

rororo anders reisen

Gunnar Köhne
Norwegen *Ein Reisebuch in den Alltag*
(rororo sachbuch 7593)

Helmut Steuer / Herbert Neuwirth
Schweden
(rororo sachbuch 9071)

Gunnar Göhne
Baltische Länder *Litauen, Lettland, Estland*
(rororo sachbuch 9074)

Hubertus Knaber
Ungarn *Ein Reisebuch in den Alltag*
(rororo sachbuch 7584)

Ute Frings
Polen
(rororo sachbuch 9065)

Falter (Hg.)
Wien *Ein Reisebuch in den Alltag*
(rororo sachbuch 7563)